Embroidery Book
リネンに刺繍

森 れいこ
Reiko Mori

Introduction

ひとり暮らしを始めたのは19歳のときでした。
小さな部屋でしたが、「どんなインテリアにしようかしら」
とわくわくして、そのことで頭がいっぱいでした。
まずはあこがれのブルーのカーペットを思いきって
買いました。でも部屋に敷いてみるとなんだか私の
イメージとは違って、青い色が妙に安っぽく、
呆然としている私に、突如ひらめきが！
裏側を表にして敷こう、裏にはってある麻が表の
ブルーよりずっとすてき。思えばあのころから麻系の
素材が気に入っていたのです。それ以来、
なぜだかその種の布に敏感に反応するようになり、
気がつけば押入れにいっぱいのリネンの反物……
気に入った布に出会うと、そこにある全部を手に
入れたくなるのです。やがてリネンが刺繍との相性が
すごくいいことに気づき、リネン地をキャンバスと
考えて、その上にいろいろな刺繍のイメージを
描くようになりました。この本では大きい
図柄が多いのですが、お好みの部分を小さく切り取って
刺しても、すてきなものになるでしょう。

Reiko Mori

Contents

- Un Deux Trios
  - アン・ドゥ・トロワ …………4…62
    - パステルのトーシューズのバッグ
- Sweet pink
  - プティットフルール …………6…46
    - プティットフルールのバッグ
    - プティットフルールのやわらかバッグ
  - スイートピンク …………8…48、49、60
    - スイートピンクの裁縫箱
    - スイートピンクの刺繍糸入れ
  - ローズ …………10…49
    - ローズのバッグ
- Bouquet & Bouquet
  - ミモザ …………12…50、51
    - ミモザのバッグ
    - ミモザのリボン
    - ミモザのクッション
  - マーガレット …………14…52、53
    - マーガレットのバッグ
    - マーガレットのリボン
    - マーガレットのストレートバッグ
  - すずらん …………16…52、54～56
    - すずらんのバッグ
    - すずらんのパタパタ裁縫箱
  - すみれ …………18…47
    - すみれのバッグ
- Leaf & Leaf
  - アイビー …………20…57
    - アイビーのティーコゼーとナプキン
  - クローバー、しだ、ミント …………22…58、59
    - リーフのクッション
    - リーフのバッグ
- French blue
  - フレンチブルー …………24…60
    - フレンチブルーの刺繍糸入れ
  - 夏休みのブルー …………26…59
    - エスパドリーユのミニバッグ
- Ballet & Ballet
  - バレエ …………28、30…61～63
    - トーシューズのバッグ
    - スワンのめがねケース
    - スワンのリボン
    - チュチュのバッグ
- Heart of the home
  - カサブランカ …………32…69
    - カサブランカのクッション
    - カサブランカのドレッサー
  - アラベスク …………34…64、65
    - アラベスクのタオルとスリッパ
    - アラベスクのいすカバー
  - A.B.C… …………36…66～68
    - イニシャルのクッション
- Silent night
  - 雪の結晶 …………38、40…70～73
    - 雪の結晶のバッグ
    - 雪の結晶の箱
  - 聖夜 …………42…74、75
    - アドベントカレンダー

  刺繍が好き、絵を描くのが好き、そしてリネンが好き…44

- Making …………46
  - 図案の写し方 …………75
  - ステッチの刺し方 …………76
  - バッグの使用量 …………77
  - バッグの作り方 …………78、79

パステルのトーシューズのバッグ
このバッグをニュースペーパーバッグと呼んでいます。新聞を丸めて入れたらすてきだわ、
というのと、持つとスマートになったような気がすることから。シューズはお好きな色で。

making→62page

Un Deux Trios

アン・ドゥ・トロワ
子どものころにあこがれたバレエのレッスン。なにより欲しかったのがトーシューズ。
長い長いリボンがついた形のすてきなこと。うっとりしてしまいます。
毅然としたあのバレエの美しさは、トーシューズをいくつも履きつぶす厳しい練習によるもの。
踊るのは無理でも、せめてトーシューズを刺繍したバッグを持って、ステップしながら歩きたい。

Sweet pink

プティットフルール
甘いピンクの小花を刺してみました。ピンクはちょっと、いつも茶色やベージュしか着ないの、という人たち。
大人になって忘れてしまったようでも、実はどこかにふわっとした、ピンクが好きっていう心がひそんでいるもの。
ときにはピンク大好きって認めて、思いきりピンクを楽しんでほしいな。

プティットフルールのバッグ
テキスタイル風に小花を散らしました。
こんなにいっぱいは面倒だわ、という方は
ブーケを一つ取り出して刺しても
かわいいですよ。

プティットフルールのやわらかバッグ
芯をはってないのでじゃぶじゃぶ洗えて、
気軽に使えます。

making→46page

Sweet pink ____ 7

Sweet pink

スイートピンク
私の好みは青みがかったピンク。紫寄りのピンクがおしゃれな感じがします。
ここではそんなピンクをたくさん集めてみました。図柄は"刺繍に夢中"。
ピンクッションに小ばさみ、刺繍糸、ちょっと散らかりぎみのテーブルの上です。

スイートピンクの裁縫箱
これも、なかなか気のきいた裁縫箱が
見つからなかったので作ってみました。
部屋の飾りにもなるし、自慢したいくらい
出来映えのいい裁縫箱です。

making→48、49page

スイートピンクの刺繍糸入れ
刺繍糸そのものがチャーミングなので
図柄に。こういう糸入れがあったら欲しい、
と思って作ってしまいましたが、
やっぱりかわいい。
24ページの糸入れと色違いです。

making→60page

Sweet pink

ローズ
つややかに咲き誇ったローズはもちろんすてき。
でも少し栄養不足ぎみの日陰のローズにも
心ひかれます。このローズは思わず手を添えたく
なるような弱々しい枝ぶり。花が咲いたら
折れてしまいそう。

ローズのバッグ
making→49page

Bouquet & Bouquet

ミモザ
やわらかなミモザの花は小さなパフのよう。あの黄色の花がたっぷりと揺れている枝の下を歩くのは、
春の幸せですね。ふわふわしたかわいいミモザの図柄は微妙なグラデーションの黄色の刺繍糸で。
葉は1本どりで繊細に刺して感じを出しましょう。

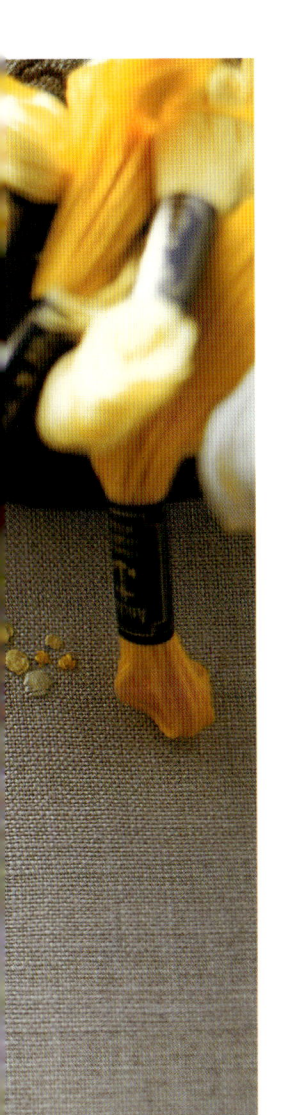

ミモザのバッグ

ミモザのリボン
グログランリボンに小さなミモザを刺しました。春はまだ先だけれど、
カーディガンの前立てやバッグの縁につけてミモザが咲くのを待つ、なんて楽しそう。
満開になったころにはきっといいアイディアが浮かぶでしょう。

making→50、51page

ミモザのクッション

マーガレットのバッグ

マーガレットのリボン

マーガレットのストレートバッグ
財布とめがね、ハンカチくらいしか入らないのですが、これをいったん持つとなぜかやめられない。私には必需品のバッグです。玄関に飾っておくとかわいいし、花いらずだわ。

making→52、53page

Bouquet & Bouquet

マーガレット
誰もが小さいころから好きな花。ちょっぴり少女っぽい趣味になってしまうのが気になります。
そこでリボンを抑えた色に。シックで大人っぽい雰囲気にまとまりました。

Bouquet & Bouquet

すずらん
いつだったか森で野生のすずらんの群落に出会ったことがあります。連休のころだったけれど寒くて、
森に迷い込んだみたいと思ったら、突然わあっといっぱいのすずらん。感激しました。
図案としてのすずらんは白一色なので、葉の色の濃淡で表情を出しましょう。

すずらんのバッグ

すずらんのパタパタ裁縫箱
箱のふたを取ったとたん、パタパタと側面が倒れるのでドキッ。初めて見た人はみんな喜びます。この裁縫箱は
ヴィクトリアンの女性たちが盛んに作ったものだそう。元は船乗りたちが航海に携えるために考えだしたものらしい。
計算しつくしてコンパクトにまとめた形のみごとさ。いかにも男性が考えたものらしくておもしろいですね。

making→52、54〜56page

すみれ

紫系のすみれは少し寂しい色の花です。葉に渋いグリーンを合わせると、いっそう寂しい感じになって沈んでしまいます。いろいろなグリーンを合わせてみてすみれの花が引き立つのは、実際の葉の色よりやや明るい色みのグリーンでした。さり気なく楚々と咲いているすみれだけれど、なかなか色合せが難しい花のようです。

Bouquet & Bouquet

すみれのバッグ
making→47page

アイビー
旅の途中で出会うアイビーは、さながらアールヌーボーの装飾模様のよう。壁にからまり屋根まで覆っていたり、ばらのつるとからみ合ってフェンスを飾っていたり。どこのアイビーもレリーフ模様のようにしっくり風景に溶け込んで、なんともいえずいいのです。図柄にした一枝のアイビー、これも魅力的でじっくり眺め入ってしまいました。

Leaf & Leaf

アイビーのティーコゼーとナプキン
ティーコゼーの定番は丸い帽子のタイプ。アイビー柄にはどうしても似合わない気がするのです。
それでこんなちょっとおもしろい形になりました。

making→57page

Leaf & Leaf

リーフのバッグ
リーフのクッション

making→58、59page

クローバー、しだ、ミント……
やわらかい日ざしに透き通る葉っぱは生命力いっぱい。澄んだ空気と小さな葉っぱ、リネンにぴったり
と思って刺繍してみました。繊細に刺したいから1本どりで。

French blue

フレンチブルー
メンズシャツにあるようなクールなブルーの刺繍糸を選んで。図柄は刺繍ファンのトレードマーク、糸とはさみとembroideryの文字。お気に入りの糸をたっぷり収納できるバッグに刺繍しました。

フレンチブルーの刺繍糸入れ　making→60page

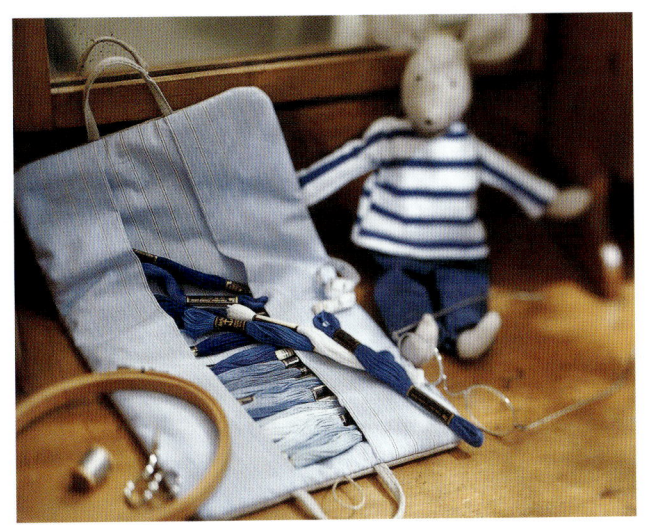

French blue 25

French blue

夏休みのブルー
何年か前の南フランスの旅。花も家も人も日ざしの中で燃えているよう。吹き渡る風が気持ちよく、ティータイムのまどろみの中、昔見たフランスシネマのシーンが浮かびました。ぴたっとした細身のパンツのマリー・ラフォレ。きゅっと締まった足首にすいつくように履いていたエスパドリーユ。旅の途中、同じものを見つけて、これだわ、と買い求めました。そのエスパドリーユを見るたびに、あの日の旅情がよみがえります。

エスパドリーユのミニバッグ

making→59page

Ballet & Ballet

バレエ
ほとんどの女の子が一度は夢見るバレリーナ。苦しい練習を乗り越えてやっと手に入れた主役の座、でもいじわるな女の子に苦しめられてしまうヒロイン。そんなストーリーのバレエコミックを読みふけった子どものころ。そのころから私は白鳥よりも黒いチュチュの黒鳥にあこがれていました。

トーシューズのバッグ　　スワンのめがねケース　　making→61、62page

Ballet & Ballet

チュチュのバッグ
はじめは黒のチュチュを刺繍しようと思ったけれど、うまくいかなくて。
チュールをつけてみたらチュチュらしくて、すてきになりました。

スワンのリボン
グログランリボンにシンプルなスワンを刺しました。
お好きな長さだけ刺して使いましょう

making→62、63page

Heart of the home

カサブランカ
たくさんあるゆりの中でもカサブランカは特に大人の花。40歳を過ぎたころから好きになりました。
凛とした気高さが魅力。1輪刺してもたくさん刺してもその魅力は失われないので、ドレッサーのゆりの絵柄、
お好みの数を散らして刺してくださいね。本物のゆりの香りはかなり強いのでパウダールームには向かない
かもしれないけれど、刺繍なら想像のフレグランスが味わえます。

カサブランカのドレッサー
古い鏡台をリフォーム。ちょっとハリウッド女優の部屋のようなイメージ。
ギャザーの量はお好みで加減しましょう。

making→69page

カサブランカのクッション

アラベスク
リネンの肌触りが大好きなので、暮らしの中に取り入れる布はできればみんなリネンにしてしまいたいくらい。
洗濯すればするほど使いよく、気持ちよくなるのです。ここでは、あこがれのヨーロッパの貴族の紋章のような
絵柄を刺繍してみました。

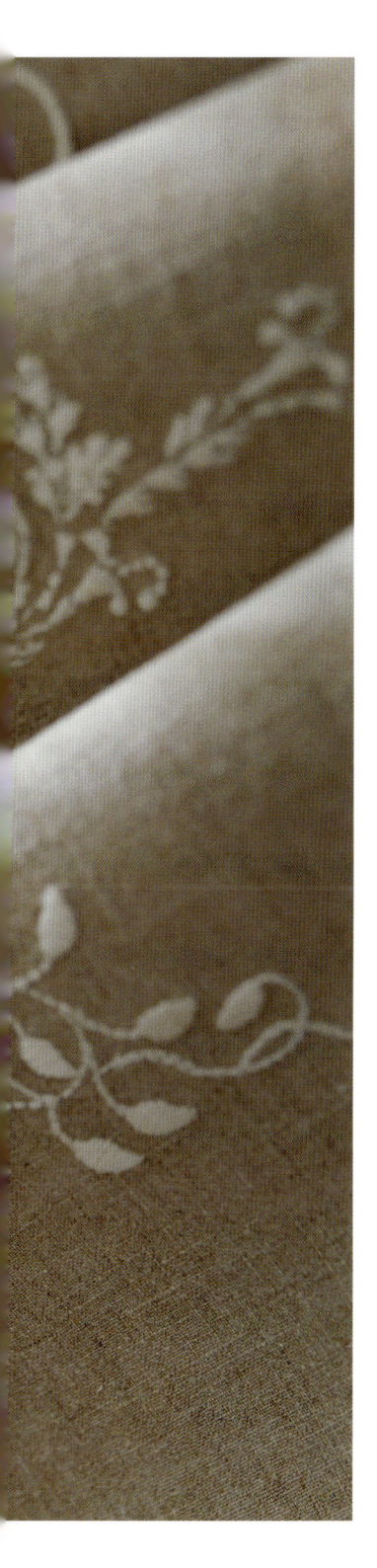

Heart of the home

アラベスクのいすカバー
背カバーはすぽっとかぶせただけ。座る部分はリネンの縁を縫い縮めてゴムテープを入れたもの。カバーがあるといすが長もちするし、古くなったものも新しくよみがえります。今度はどんなふうに、と考えるのが大好き。大物のソファや長いすのカバーもさっさと自分で縫って替えてしまいます。季節ごとに替えると気分もリフレッシュしますよ。

アラベスクのタオルとスリッパ
足を優しく包んでくれるおふろ上り専用のスリッパ。芯が入ってないのでじゃぶじゃぶ洗えて清潔です。

making→64、65page

A.B.C…
イニシャルはヨーロッパの文化にとって欠かせないもの。いかにもヨーロッパ、という雰囲気がするので、私はとても好きです。その人を表わす印だから、家紋のようなものなのでしょうね。家族の一人一人、恋人、親友、大事な人たちの使うものにせっせとイニシャルを刺繍してあげるのはいかがでしょう。シーツやピローケース、タオルにクッション、イニシャルを入れたくなるものは暮らしの中にたくさんあります。

Heart of the home

イニシャルのクッション
このポンポンは円形のリネンを縫い縮めて、てるてる坊主のようにして、端を中に入れ込んだもの。
ティーコゼーのトップや40ページの箱のとめ飾りなど、どんなものにつけてもかわいいですよ。

making→66〜68page

雪の結晶
吹雪の日、窓のガラスに雪の結晶がぴたっとはりついて、わーっと見とれてしまいました。まさに神のつくるパーフェクトデザイン。

Silent night

雪の結晶のバッグ
雪の日に白いコートを着て、このバッグを持って出かけたい。
雪の精になったように。

making→71、73page

Love letter

Silent night

雪の結晶の箱
テーブルの隅にあると、外出帰りの持ち物、めがねに時計、財布、メモ、ペン、なんでも入ります。一つではごちゃごちゃになってしまうから、三つ用意して使い分ければなお便利。捜し物の時間がいらなくなりますよ。
making→70～72page

42 _____ Silent night

Silent night

聖夜
12月に入ってクリスマスまでの日を数えるアドベントカレンダー。
リネン地に銀糸でトナカイと数字を刺繍。なくしたイアリングの片方や、
古いネックレスのチャームなどをピンでつるしてみました。ふだんから、
そうした思い出のある小さなものを、心づもりしてためておきましょう。
ちょっと大人のクリスマス飾りになりました。銀色のトナカイが向かう
静かなクリスマスの夜に……。

アドベントカレンダー
making→74、75page

Love letter

刺繍が好き、絵を描くのが好き、そしてリネンが好き
刺繍の店「ラブレター」のこと

　ここ13、4年ほど、コンピュータグラフィックの中でもいちばん複雑で数学的な要素が強い、3Dの画像製作を仕事としてきました。始めたときは決して若くない30代の終りごろ。あるとき何気なくテレビを見ていると、今アメリカではこんな世界が始まっていますよ、と3Dの画像を説明していたのです。今思えばほんの簡単な画像でしたが、私はすぐに、その写真でもなく絵でもない不思議な世界に強くひかれてしまいました。細い糸をたどるようにテレビ局に電話をし、プロスクールを計画中の先生に出会い、教わることに。それからしばらくはマニュアルもコンピュータ画面も英語のみ。1日15時間コンピュータの前にいてもまだ時間が足りないというような生活が続きました。やがてそれが仕事となり、押し流されるような暮らしが続きました。ふと振り返ると、何か大きな忘れ物をしてきたような気持ちが頭から離れなくなりました。
「私は何を忘れてきたのだろう……」
　それが今の仕事へのドアノブを回した瞬間でした。答えは「私は物を作るのが好き、刺繍が好き、絵を描くのが好き、そしてリネンが好き」なのに、それを忘れたふりをしてきた。そうだ、この好きを合わせて何かしよう。事務所の隅でいい。少し改造して小さいお店を開こう。私の作ったものを売って、いや違う、見ていただこう。お店の名前はロマンティックな感じのする名がいい。もらったことはないけれど、ラブレターにしよう。
　開店に向けての時間。長い間ただただ目的もなく好きで集めていたリネンの反物の出番でした。そのリネンに簡単な手刺繍やミシン刺繍をした巾着やポーチ、クッション、クロスなどを50点ほど作りました。徹夜が続いても楽しい時間は不思議と疲れません。ラブレターの刺繍タグが10000枚も仕上がってきました。もう後には引けません。開店前夜、一つずつの品物にネームタグをつけ、いちおうプライスカードもつけて。それを白いペンキのはけ跡も真新しい棚に並べながらお客さまは来てくれるのかなあ、などと不安な気持ちにおそわれました。
　そして開店当日。驚いたことに、12時オープンとはってあるのに、11時ごろにはちらほらお客さまらしき人がドアの前を行ったり来たり。少し早めにドアを開けると「これいただきます」と早速のお買上げ。えっいいんですか、とレジをたたく手もおぼつかず、なんだか詐欺師にでもなったような気分です。追いかけてお金を返そうかなあ、などという気持ちもよぎりました。そんな2000年4月のスタートのラブレターでしたが、今は製品の完成度も高くなり、胸をはってレジもたたけるようになりました。
　これからも喜んでいただけるものを作り出せたら……こんな幸せなことはありません。

リネンを探して……

　私の一番のお気に入りのリネンは、実はもう手に入れることができないのですが、フランス軍の使う厚手のキャンバスリネンでした。その麻と初めて出会ったのは軍事用品払い下げのお店でした。一目で気に入って、倉庫にあるものも含めて全部欲しい、と400mぐらい買ったのです。リネンにしては少しワイルドな仕上げでしたが、目的はバッグを作ることでしたから、その粗野さが魅力でした。その後、再注文するとすでにその麻は販売していないとの返事、どうしても欲しいと食い下がりましたが、もうフランスにもないと言われてしまいました。ならば自分の足で、とヨーロッパへリネン探しの旅を決行。でも二度とめぐりあうことはなく、無念の帰国でした。そんなおり、インテリアショップでカーペット見本をめくっていると、あのリネンに似た布がカーペットの縁かがり用としてサンプルがはってあるではないですか。私はすかさずその会社に連絡、滋賀県の工場を紹介してもらいました。今ではその工場で、ベルギー産の糸を使ってあのリネンに似た麻を織ってもらっているのです。
　特に自然のままの生成りのリネンが好きです。そうした生成りの布は織るときに使用した油や植物のもろもろが付着しているので、使う前にまず洗濯。2mぐらいにカットし、中性洗剤を入れた洗濯機で洗います。2度洗いし、2度めは素洗いにします。脱水後、すぐ湿ったままアイロン。乾いてしまうとしわで手に負えなくなります。このアイロンをかけてぴんとしたリネンほど魅力的な布はないのでは、と思います。さあこの布にどんな刺繍をして、どんなバッグに、とイメージが広がる瞬間です。

プティットフルールのバッグ　page 7

●バッグの材料と作り方P.77(A)〜80

花はブリオンローズS　葉はサテンS
2本どり　　　　　　茎はバックS

★指定以外は25番刺繍糸1本どり

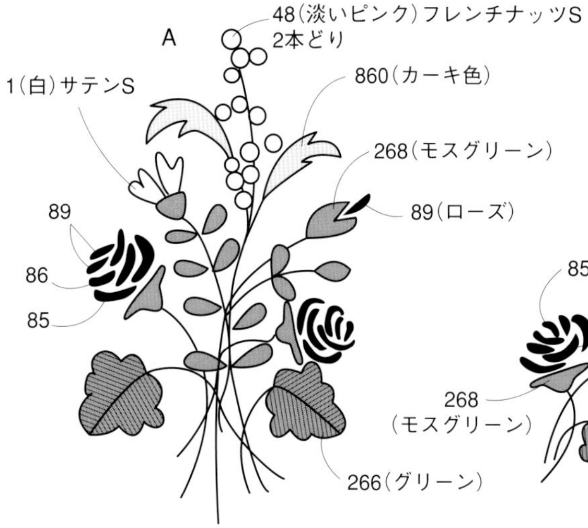

実物大

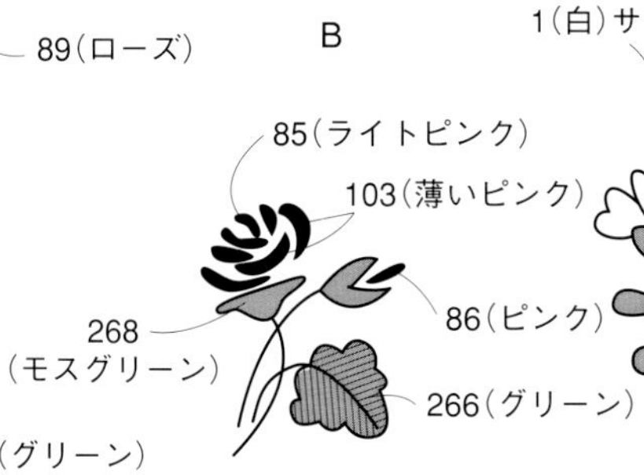

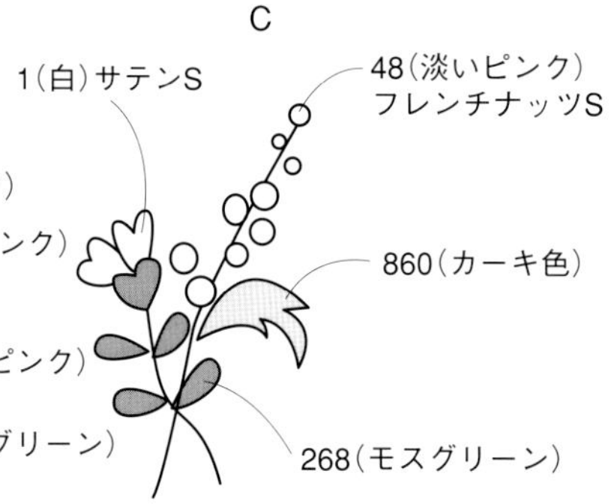

A
- 1(白)サテンS
- 48(淡いピンク)フレンチナッツS　2本どり
- 860(カーキ色)
- 268(モスグリーン)
- 89(ローズ)
- 89
- 86
- 85
- 266(グリーン)

B
- 85(ライトピンク)
- 103(薄いピンク)
- 86(ピンク)
- 268(モスグリーン)
- 266(グリーン)

C
- 1(白)サテンS
- 48(淡いピンク)フレンチナッツS
- 860(カーキ色)
- 268(モスグリーン)

プティットフルールのやわらかバッグ　page 7

●表布(リネン) 85×50cm、裏布80×40cm
●表布に刺繍をしてからP.59の要領で仕上げる。

●アンカー25番刺繍糸のピンク系(48、85、86、89、103)、グリーン系(266、268)、カーキ色(860)、白(1)

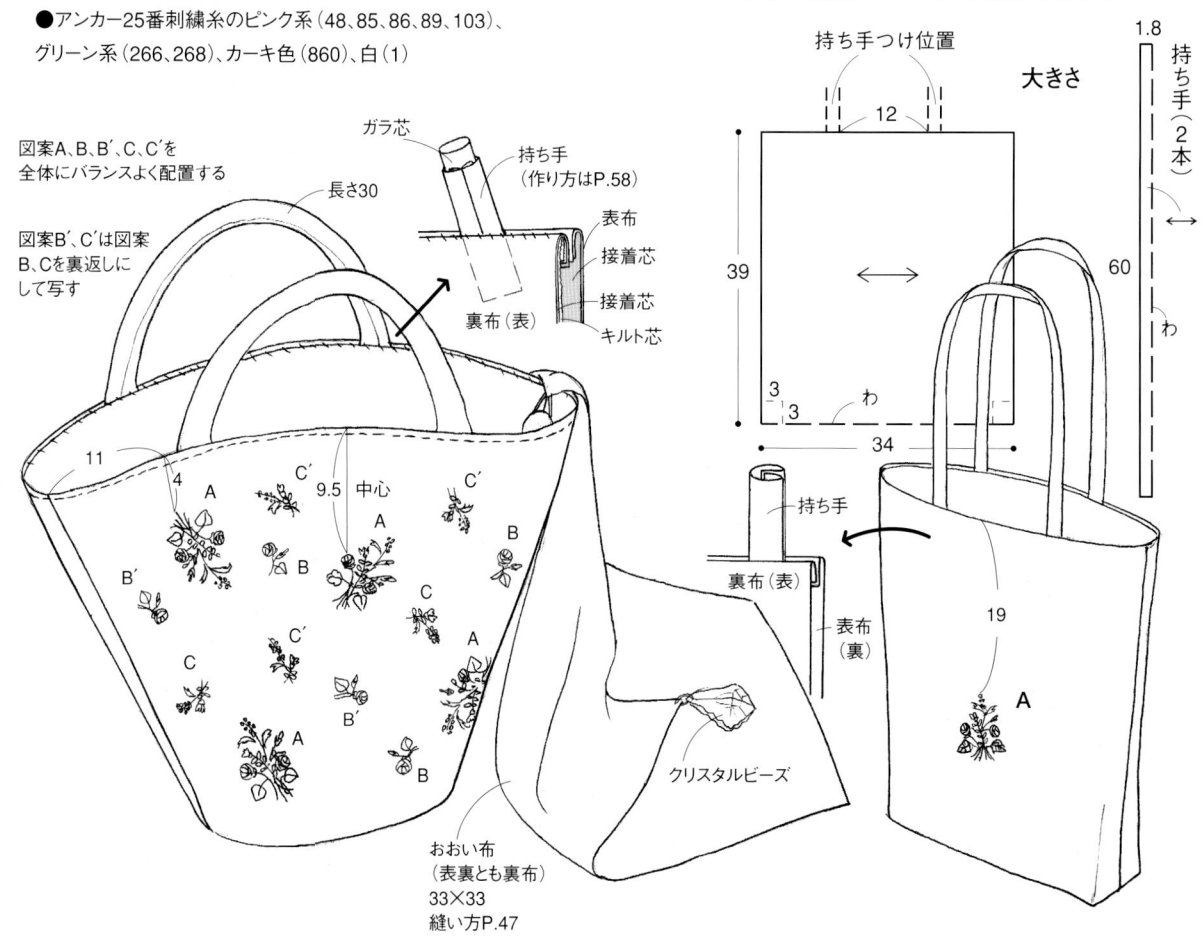

図案A、B、B′、C、C′を全体にバランスよく配置する

図案B′、C′は図案B、Cを裏返しにして写す

ガラ芯
持ち手(作り方はP.58)
長さ30
表布
接着芯
接着芯
裏布(表)
キルト芯

11　4　A　9.5　中心　A　C′　B
B′　A　B
C′　C　A　B′
A

おおい布(表裏とも裏布)
33×33
縫い方P.47

クリスタルビーズ

持ち手つけ位置
12
大きさ
1.8
持ち手(2本)
39
60
わ
3
3　　わ
34

持ち手
裏布(表)
表布(裏)

19
A

すみれのバッグ　page 19

● バッグの材料と作り方P.77（A）～80

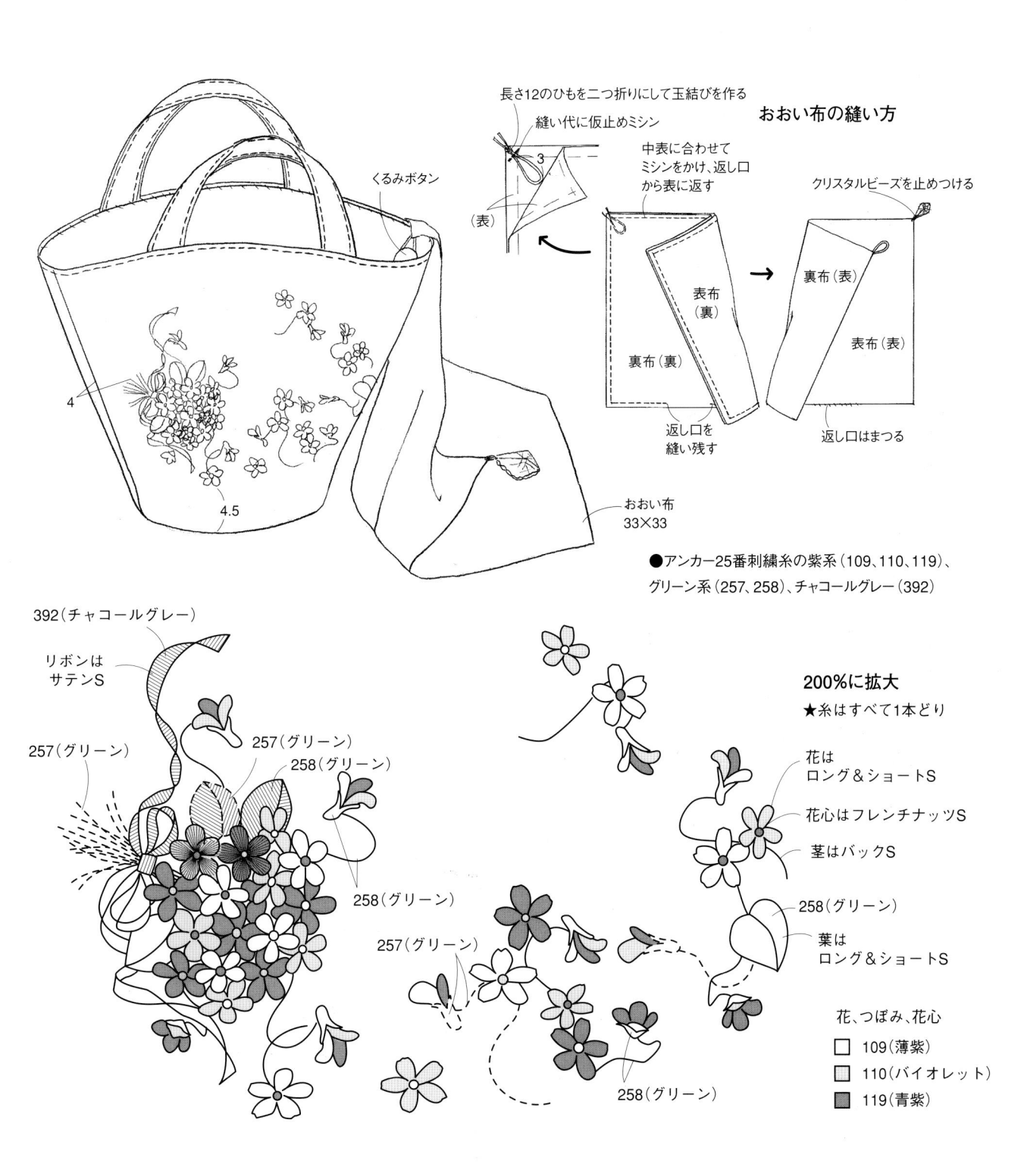

長さ12のひもを二つ折りにして玉結びを作る
縫い代に仮止めミシン
中表に合わせてミシンをかけ、返し口から表に返す

おおい布の縫い方

クリスタルビーズを止めつける

くるみボタン

表布（裏）
裏布（裏）
返し口を縫い残す

裏布（表）
表布（表）
返し口はまつる

おおい布 33×33

4
4.5

● アンカー25番刺繍糸の紫系（109、110、119）、グリーン系（257、258）、チャコールグレー（392）

392（チャコールグレー）
リボンはサテンS
257（グリーン）
257（グリーン）
258（グリーン）
258（グリーン）
257（グリーン）
258（グリーン）

200%に拡大
★糸はすべて1本どり

花はロング＆ショートS
花心はフレンチナッツS
茎はバックS
258（グリーン）
葉はロング＆ショートS

花、つぼみ、花心
□ 109（薄紫）
▨ 110（バイオレット）
■ 119（青紫）

Making ___ 47

スイートピンクの裁縫箱　page 9

- 表布（リネン）90×55cm、裏布45×55cm、台紙55×50cm、キルト芯30×30cm、マグネットボタン1組み、紙粘着テープ、手工芸用ボンド
- 台紙と布（パターンP.82）に折り代をつけてカットし、ふたの布に刺繍する。図のようにふたと外底、中箱を作り、布をはって仕上げる。

台紙寸法

外箱

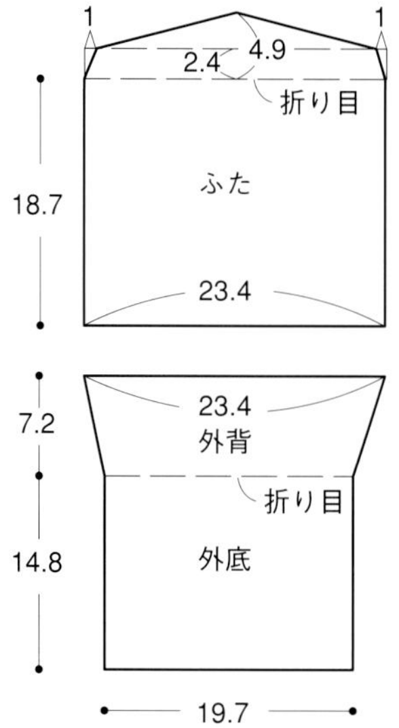

ふた: 1, 2.4, 4.9, 1, 18.7, 23.4, 折り目

外背: 7.2, 23.4, 折り目
外底: 14.8, 19.7

中箱

長側面, 折り目, 短側面
18, 6.7, 14.4, 中底, 19.4, 6.7, 23

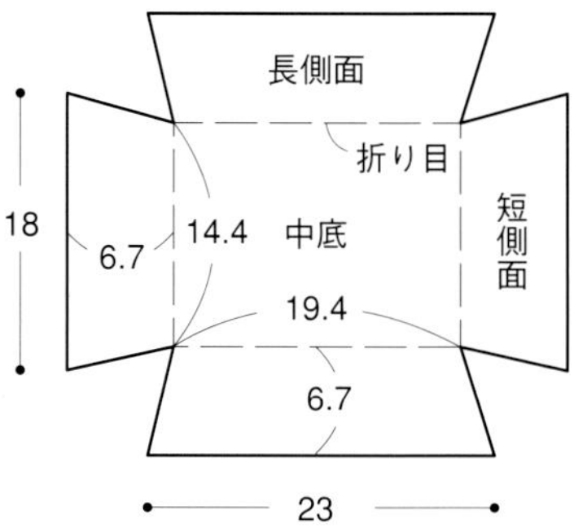

実物大パターンはP.80

外箱の作り方

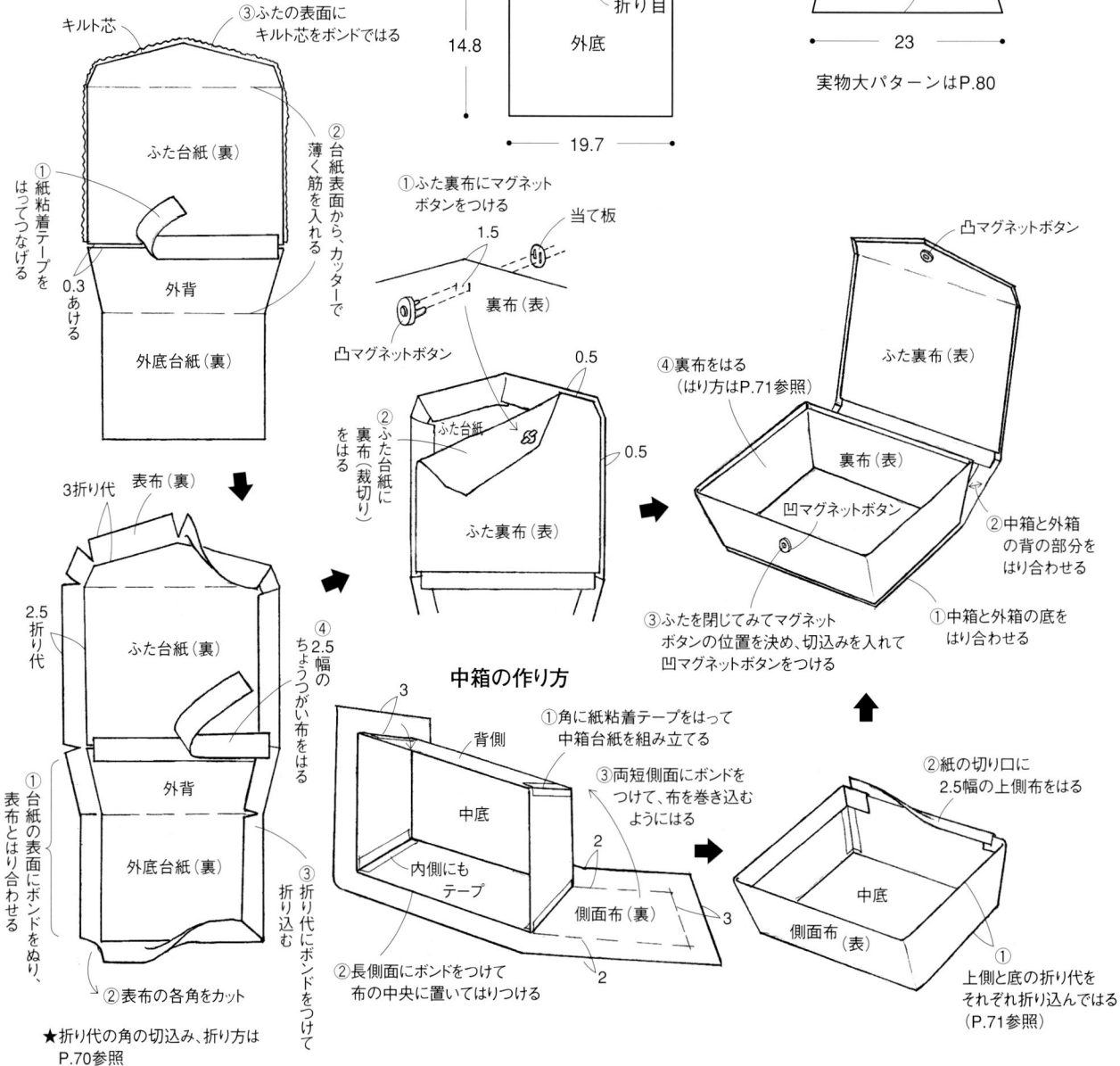

①紙粘着テープをはってつなげる
0.3あけ
②台紙表面から、カッターで薄く筋を入れる
③ふたの表面にキルト芯をボンドではる
キルト芯／ふた台紙（裏）／外背／外底台紙（裏）

↓

3折り代／2.5折り代／表布（裏）
ふた台紙（裏）／外背／外底台紙（裏）
④2.5幅のちょうつがい布をはる
①台紙の表面にボンドをぬり、表布とはり合わせる
②表布の各角をカット
③折り代にボンドをつけて折り込む
★折り代の角の切込み、折り方はP.70参照

①ふた裏布にマグネットボタンをつける
1.5／当て板／裏布（表）／凸マグネットボタン

②ふた台紙に裏布（裁切り）をはる
ふた台紙／0.5／0.5／ふた裏布（表）

③ふたを閉じてみてマグネットボタンの位置を決め、切込みを入れて凹マグネットボタンをつける

④裏布をはる（はり方はP.71参照）
ふた裏布（表）／裏布（表）／凹マグネットボタン

②中箱と外箱の背の部分をはり合わせる
①中箱と外箱の底をはり合わせる

中箱の作り方

背側／中底／内側にもテープ／側面布（裏）／3／2／2

①角に紙粘着テープをはって中箱台紙を組み立てる
②長側面にボンドをつけて布の中央に置いてはりつける
③両短側面にボンドをつけて、布を巻き込むようにはる

→

②紙の切り口に2.5幅の上側布をはる
中底／側面布（表）
①上側と底の折り代をそれぞれ折り込んではる（P.71参照）

●アンカー25番刺繍糸のピンク系（48、60、66、78）、
モスグリーン（262）、薄茶色（373）、黒（403）、白（1）、銀糸

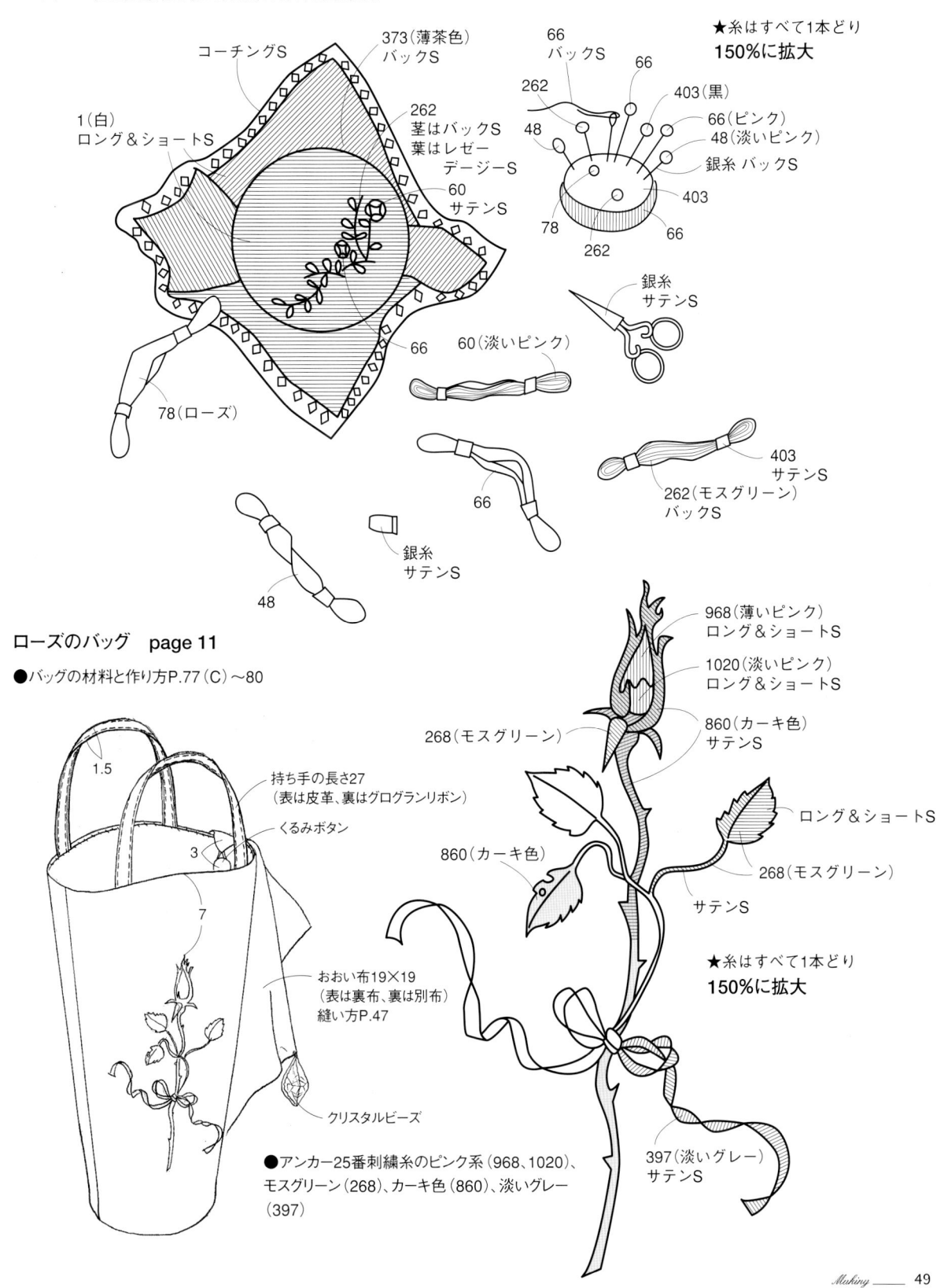

★糸はすべて1本どり
150%に拡大

- コーチングS
- 373（薄茶色）バックS
- 1（白）ロング＆ショートS
- 262 茎はバックS 葉はレゼーデージーS
- 60 サテンS
- 66
- 78（ローズ）
- 66 バックS
- 262
- 403（黒）
- 66（ピンク）
- 48（淡いピンク）
- 銀糸 バックS
- 403
- 78
- 262
- 66
- 銀糸 サテンS
- 60（淡いピンク）
- 66
- 403 サテンS
- 262（モスグリーン）バックS
- 48
- 銀糸 サテンS

ローズのバッグ　page 11

●バッグの材料と作り方P.77（C）〜80

- 1.5
- 持ち手の長さ27（表は皮革、裏はグログランリボン）
- くるみボタン
- 3
- 7
- おおい布19×19（表は裏布、裏は別布）縫い方P.47
- クリスタルビーズ

●アンカー25番刺繍糸のピンク系（968、1020）、モスグリーン（268）、カーキ色（860）、淡いグレー（397）

- 968（薄いピンク）ロング＆ショートS
- 1020（淡いピンク）ロング＆ショートS
- 268（モスグリーン）
- 860（カーキ色）サテンS
- 860（カーキ色）
- ロング＆ショートS
- 268（モスグリーン）
- サテンS
- 397（淡いグレー）サテンS

★糸はすべて1本どり
150%に拡大

Making ——— 49

ミモザのバッグ　page 13

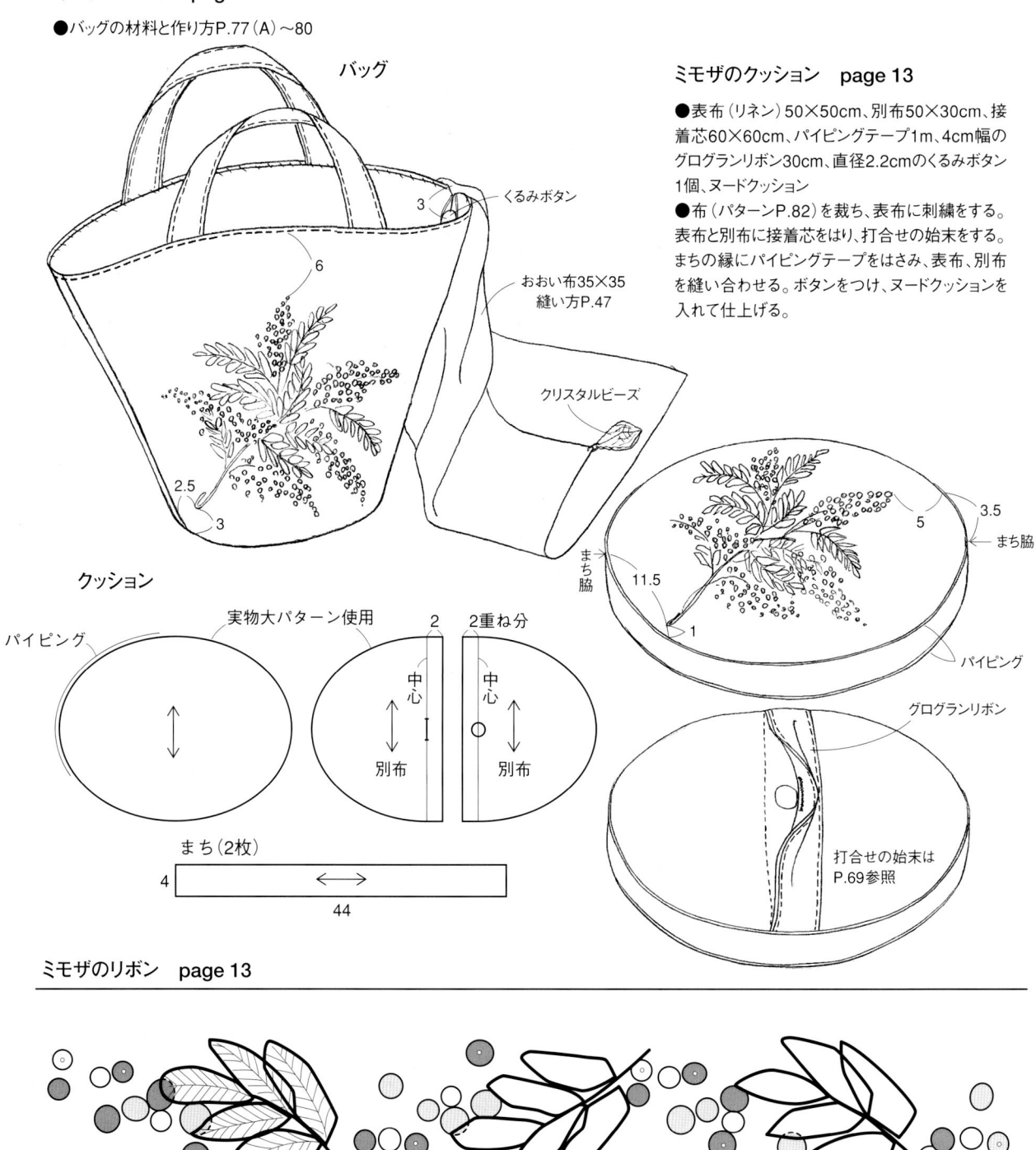

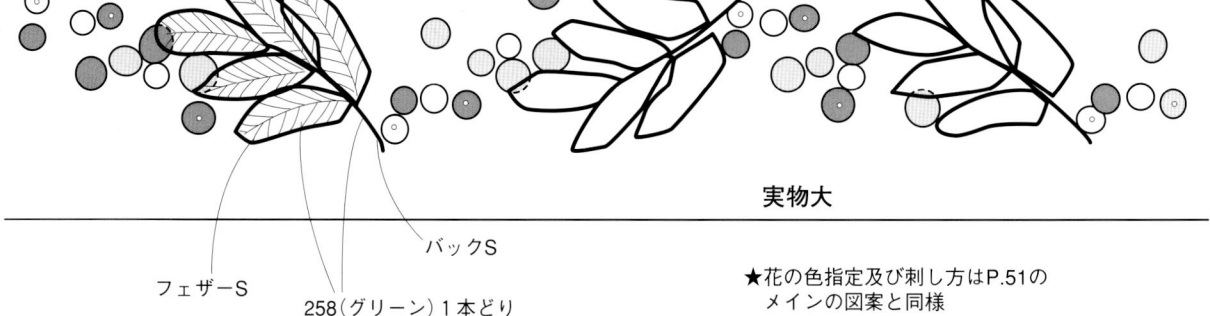

● バッグの材料と作り方P.77(A)〜80

バッグ

- くるみボタン
- 3
- 6
- おおい布35×35 縫い方P.47
- クリスタルビーズ
- 2.5
- 3

ミモザのクッション　page 13

● 表布(リネン)50×50cm、別布50×30cm、接着芯60×60cm、パイピングテープ1m、4cm幅のグログランリボン30cm、直径2.2cmのくるみボタン1個、ヌードクッション

● 布(パターンP.82)を裁ち、表布に刺繍をする。表布と別布に接着芯をはり、打合せの始末をする。まちの縁にパイピングテープをはさみ、表布、別布を縫い合わせる。ボタンをつけ、ヌードクッションを入れて仕上げる。

- 3.5
- まち脇
- 11.5
- 1
- 5
- パイピング
- グログランリボン
- 打合せの始末はP.69参照

クッション

- パイピング
- 実物大パターン使用
- 2
- 2重ね分
- 中心
- 中心
- 別布
- 別布
- まち(2枚)
- 4
- 44

ミモザのリボン　page 13

- フェザーS
- バックS
- 258(グリーン)1本どり
- 実物大

★花の色指定及び刺し方はP.51のメインの図案と同様

●アンカー25番刺繍糸の黄色系（298、295、292）、グリーン系（258、262）、茶色（358）

花（各色1本どり）

○● ○● 298（山吹色）

○ ○ 295（黄）

○ ○ 292（クリーム色）
↓
チェーンSを渦巻き状に刺してうめる
↓
サテンS

葉はすべてフェザーS
258（グリーン）1本どり

262（モスグリーン）
1本どり

茎はすべてバックS
262（モスグリーン）2本どり

枝は358（茶色）を2本どりで
アウトラインSを3列刺す

125%に拡大

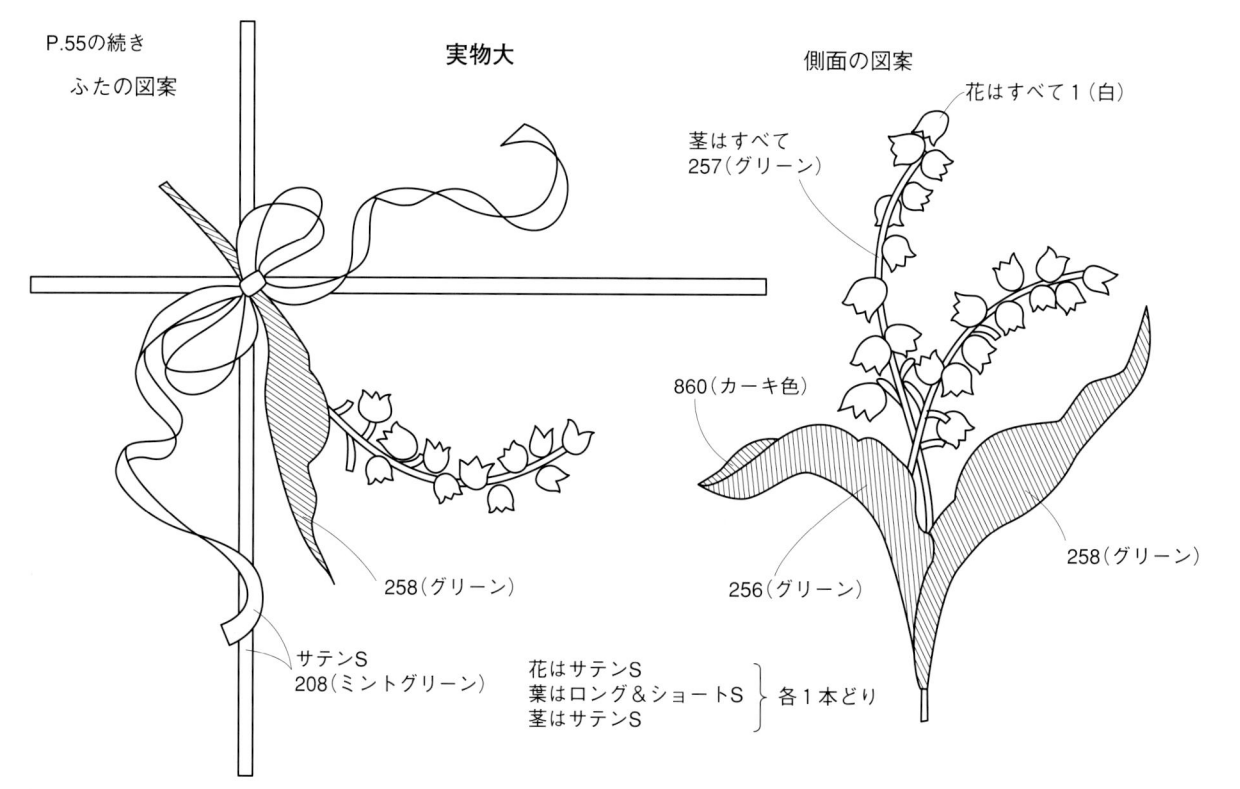

マーガレットのバッグ　page 14

- バッグの材料と作り方P.77（AとD）〜81
- アンカー25番刺繍糸の白(1)、黄色(297)、グリーン系(258、681)、茶色(903)

くるみボタン
おおい布 35×35 縫い方P.47
内ポケット 11.5×14
1.5
持ち手の長さ26（表は皮革、裏はグログランリボン）
くるみボタン
おおい布（表裏とも裏布）24×24 縫い方 P.47
裏布（表）
縫い目
クリスタルビーズ
クリスタルビーズ

P.55の続き
ふたの図案

実物大

側面の図案

花はすべて1（白）
茎はすべて 257（グリーン）
860（カーキ色）
258（グリーン）
256（グリーン）
258（グリーン）
サテンS
208（ミントグリーン）

花はサテンS
葉はロング＆ショートS
茎はサテンS
} 各1本どり

52　Making

125%に拡大

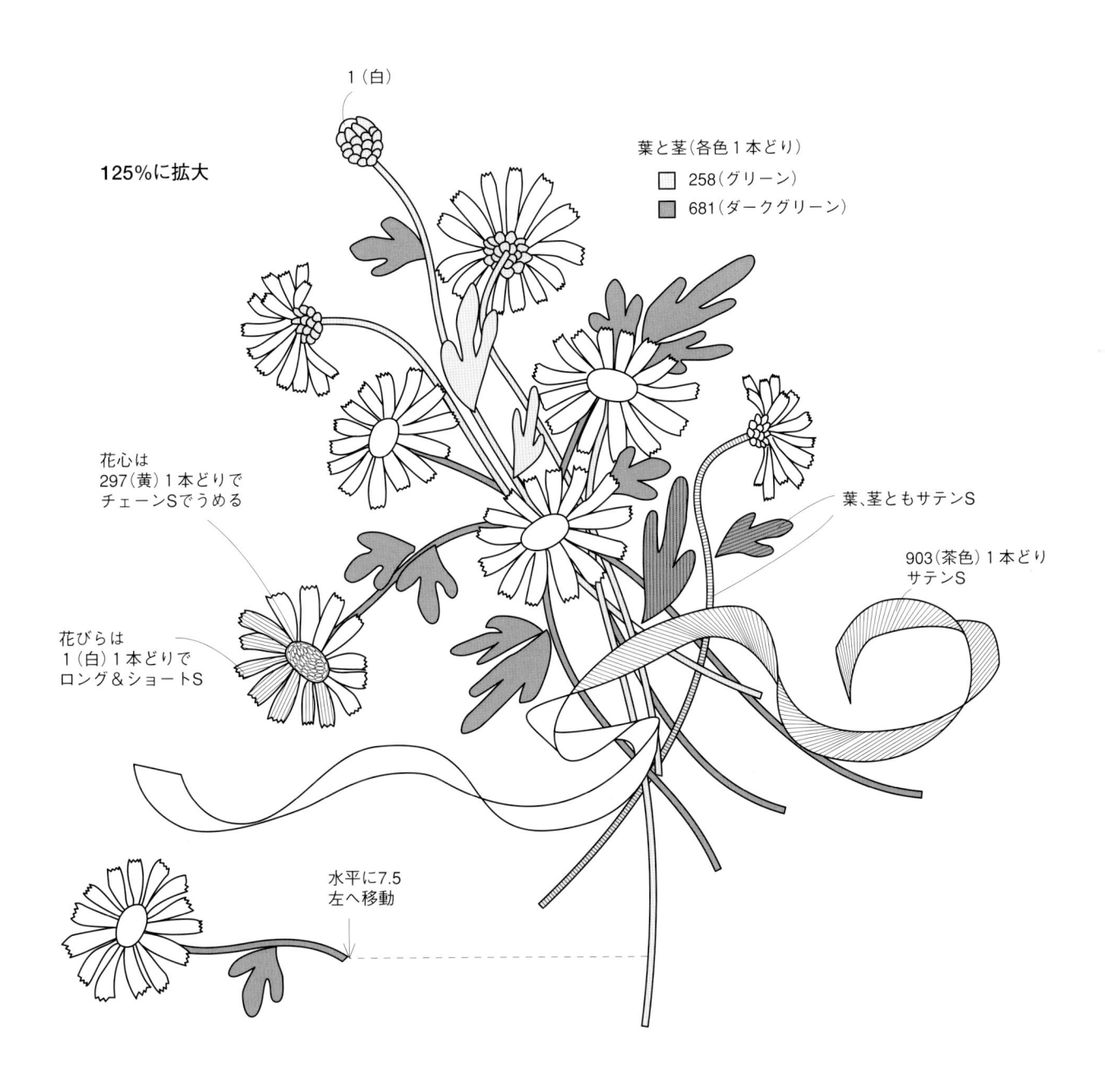

1（白）

葉と茎（各色1本どり）
□ 258（グリーン）
■ 681（ダークグリーン）

花心は
297（黄）1本どりで
チェーンSでうめる

葉、茎ともサテンS

903（茶色）1本どり
サテンS

花びらは
1（白）1本どりで
ロング＆ショートS

水平に7.5
左へ移動

マーガレットのリボン　page 14

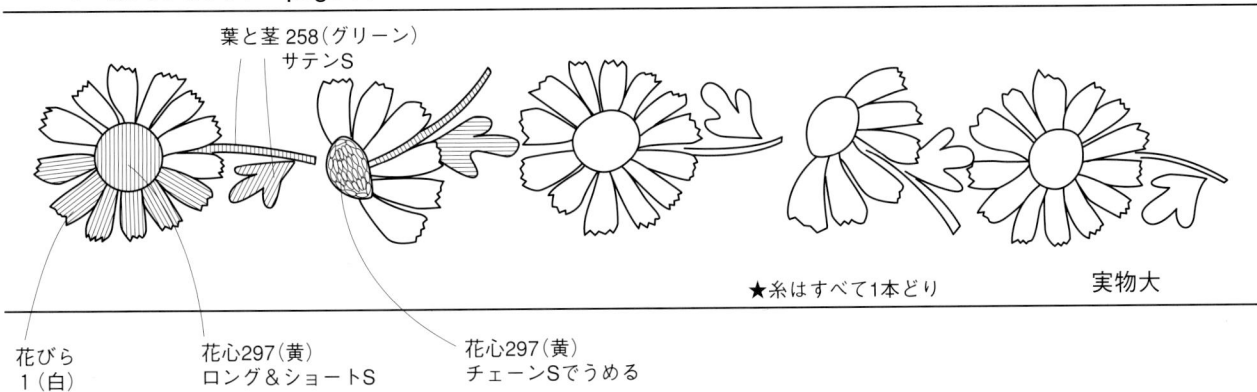

葉と茎 258（グリーン）
サテンS

花びら
1（白）
ロング＆ショートS

花心297（黄）
ロング＆ショートS

花心297（黄）
チェーンSでうめる

★糸はすべて1本どり

実物大

すずらんのパタパタ裁縫箱　page 16

- 外布、底布（リネン）50×60cm、内布50×25cm、台紙50×35cm、キルト芯（側面とふた分）、細いリボン70cm、手工芸用ボンド
- 台紙、布に折り代をつけてカットし、ふた、外側面、中底布に刺繍をする。外箱、中箱を作ってはり合わせ、ふたを仕上げてかぶせる。
- アンカー25番刺繍糸の白（1）、グリーン系（258、257、256）、ミントグリーン（208）、カーキ色（860）
- すずらんの花は2重に刺してボリュームを出す。

台紙寸法

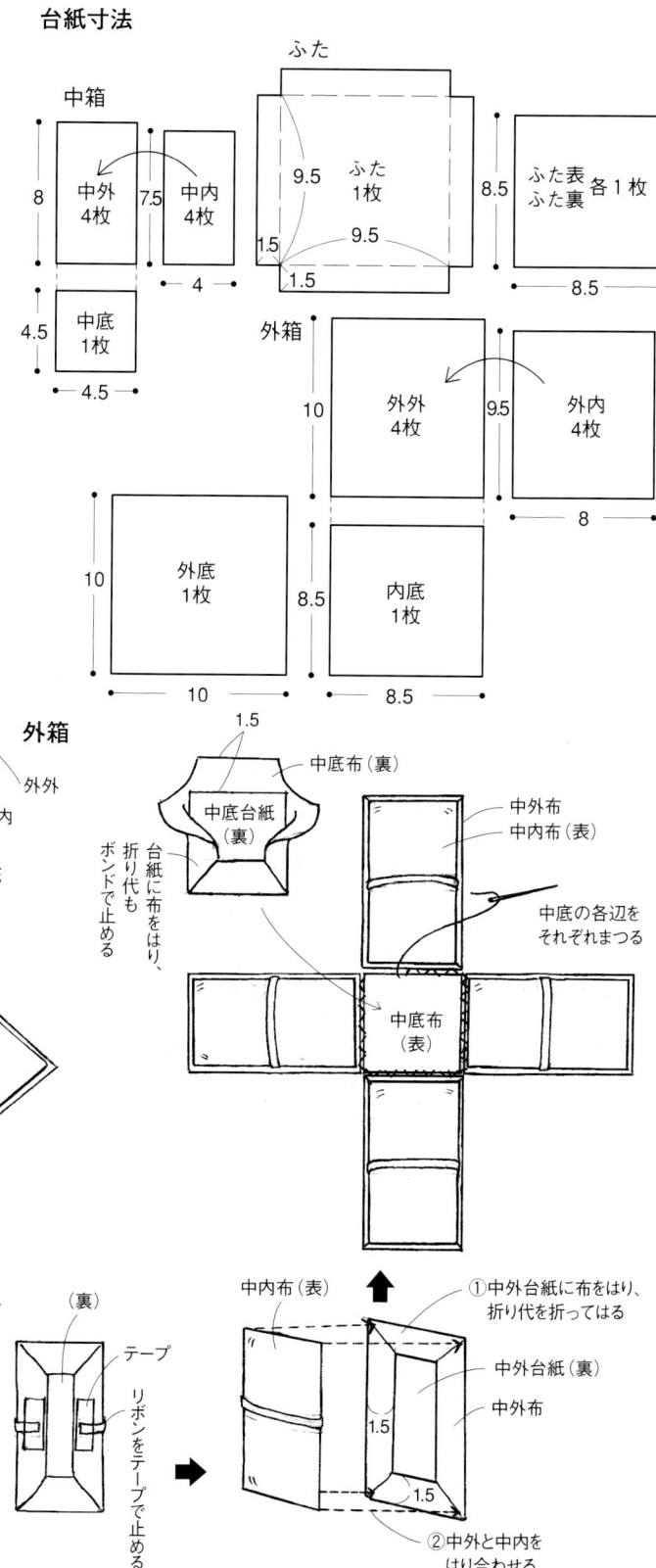

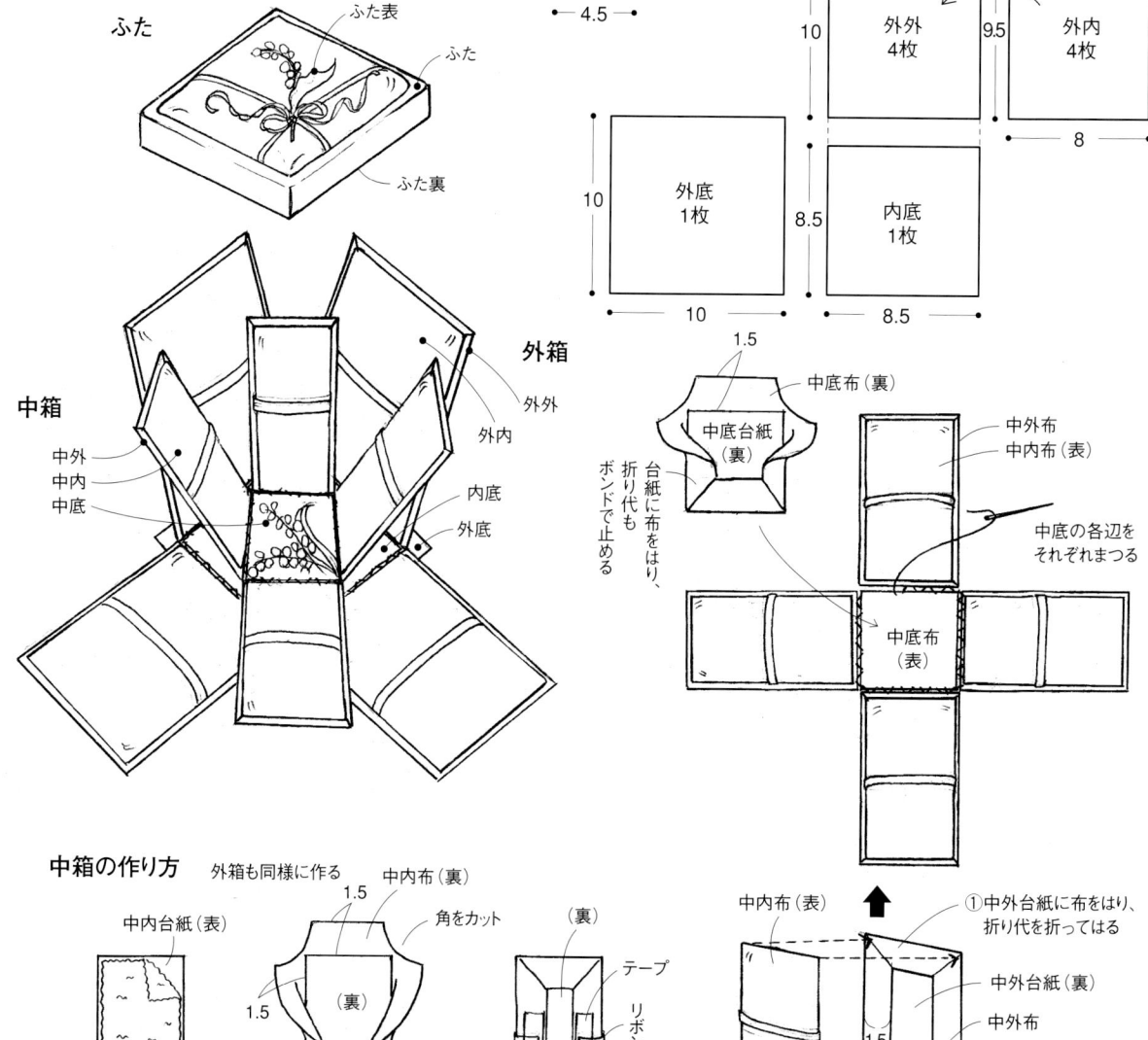

ふた
- 中箱: 中外 4枚 8×4、中内 4枚 7.5×4
- 中底 1枚 4.5×4.5
- ふた 1枚 9.5×9.5（1.5折り代）
- ふた表 ふた裏 各1枚 8.5×8.5

外箱
- 外外 4枚 10×8
- 外内 4枚 9.5×8
- 外底 1枚 10×10
- 内底 1枚 8.5×8.5

中箱の作り方　外箱も同様に作る

中内台紙（表）にキルト芯をはる → 角をカット、台紙に布をはり、折り代もボンドで止める → テープ、リボンをテープで止める → ①中外台紙に布をはり、折り代を折ってはる　②中外と中内をはり合わせる

ふたの作り方

① 側面を立ち上げてテープで止める

ふた台紙

ふた布(裏)

② 台紙にボンドをつけてふた布をはりつける

ふた布(表)

台紙側面

台紙側面にボンドをつけてはり、角は三角に折りたたむ

内側に折り代を折り込み、ボンドで止める

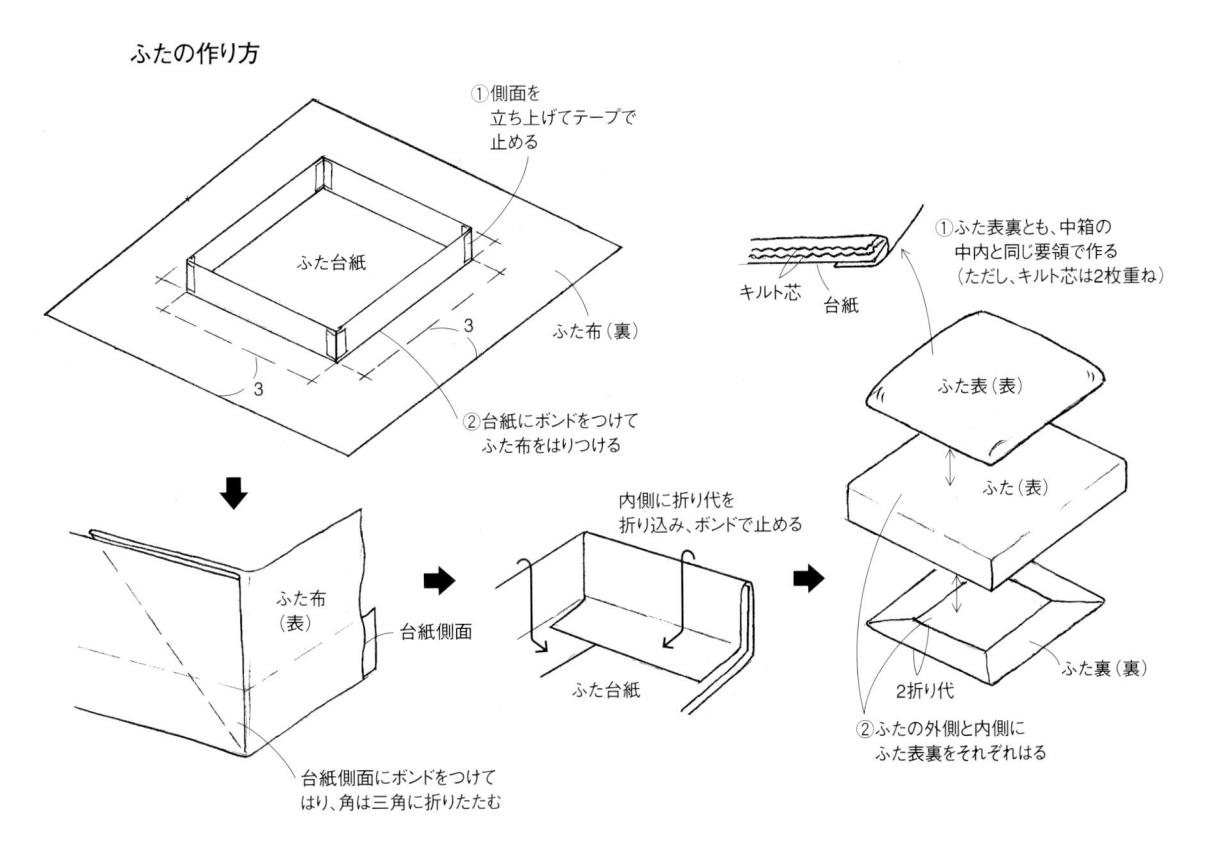

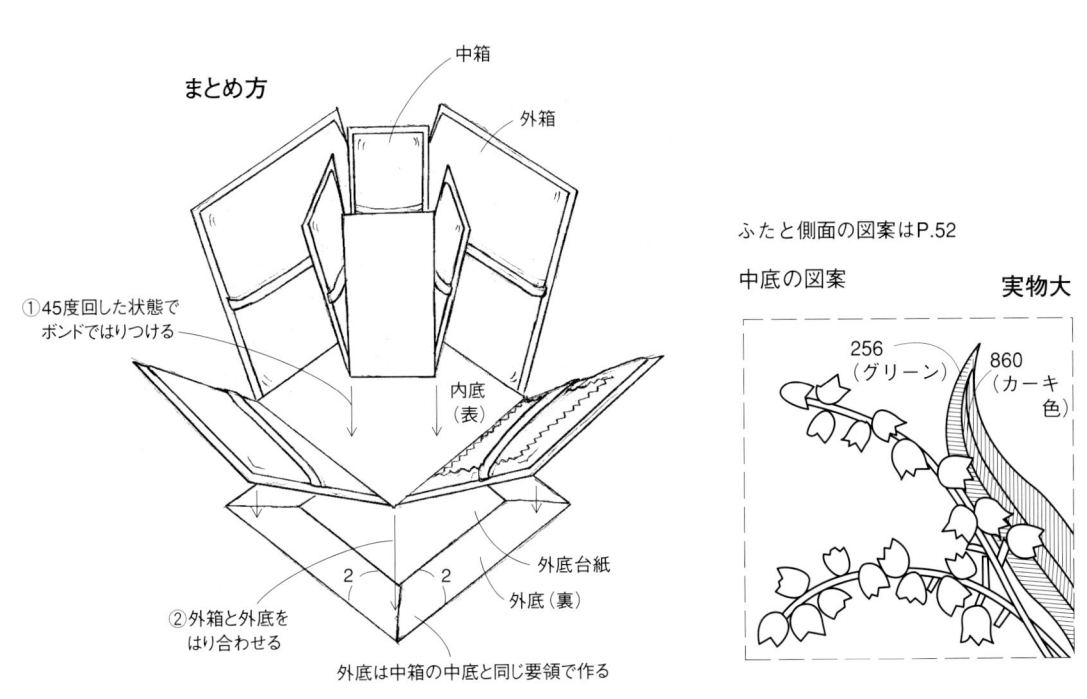

ふた台紙

キルト芯
台紙

① ふた表裏とも、中箱の中内と同じ要領で作る（ただし、キルト芯は2枚重ね）

ふた表(表)

ふた(表)

2折り代

ふた裏(裏)

② ふたの外側と内側にふた表裏をそれぞれはる

まとめ方

中箱

外箱

① 45度回した状態でボンドではりつける

内底(表)

② 外箱と外底をはり合わせる

外底台紙

外底(裏)

外底は中箱の中底と同じ要領で作る

ふたと側面の図案はP.52

中底の図案

実物大

256（グリーン）

860（カーキ色）

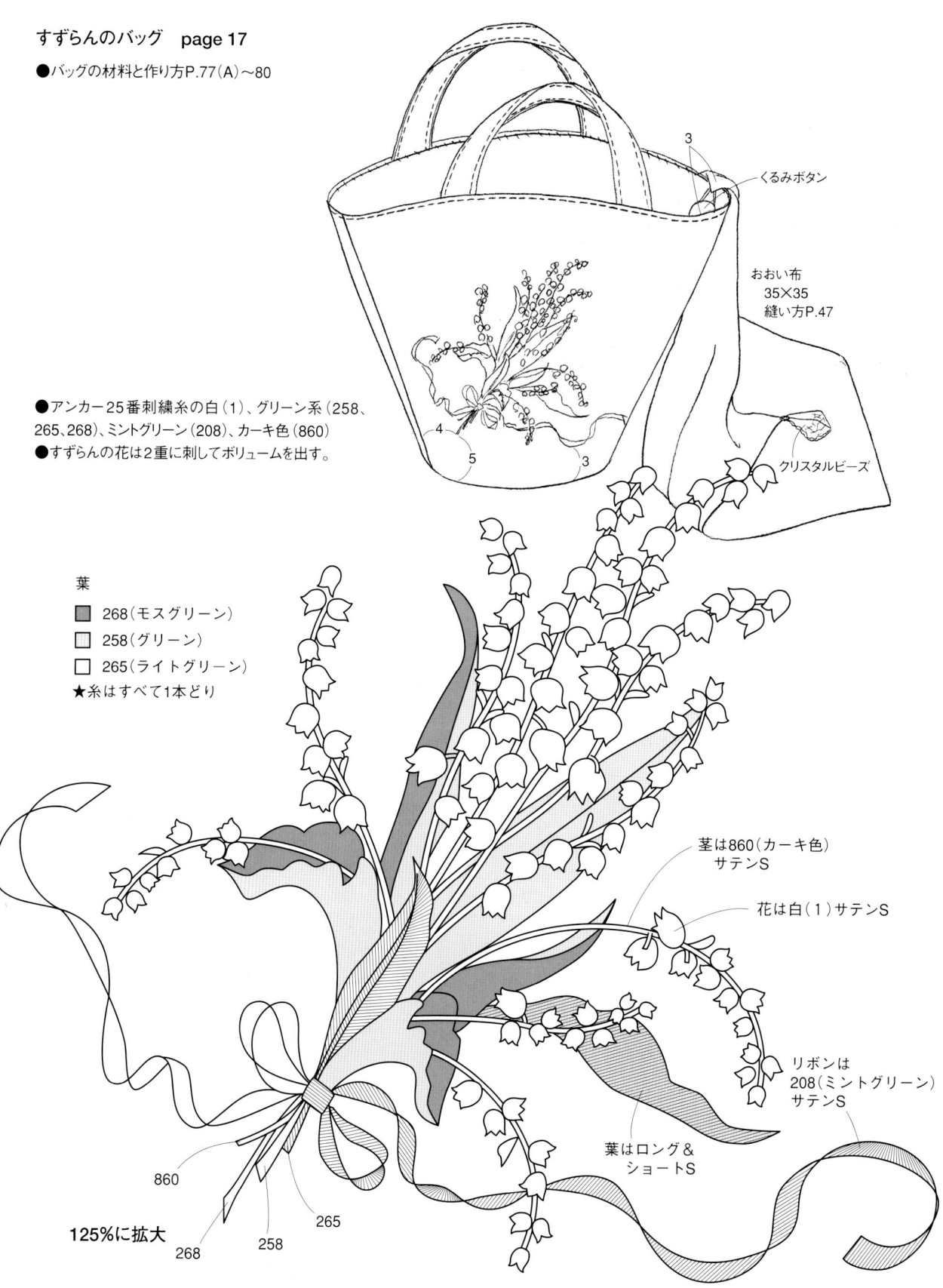

すずらんのバッグ　page 17

- バッグの材料と作り方P.77(A)〜80

くるみボタン

おおい布
35×35
縫い方P.47

クリスタルビーズ

- アンカー25番刺繍糸の白(1)、グリーン系(258、265、268)、ミントグリーン(208)、カーキ色(860)
- すずらんの花は2重に刺してボリュームを出す。

葉
- 268(モスグリーン)
- 258(グリーン)
- 265(ライトグリーン)
★糸はすべて1本どり

茎は860(カーキ色)
サテンS

花は白(1)サテンS

リボンは
208(ミントグリーン)
サテンS

葉はロング＆
ショートS

860
268　258　265

125%に拡大

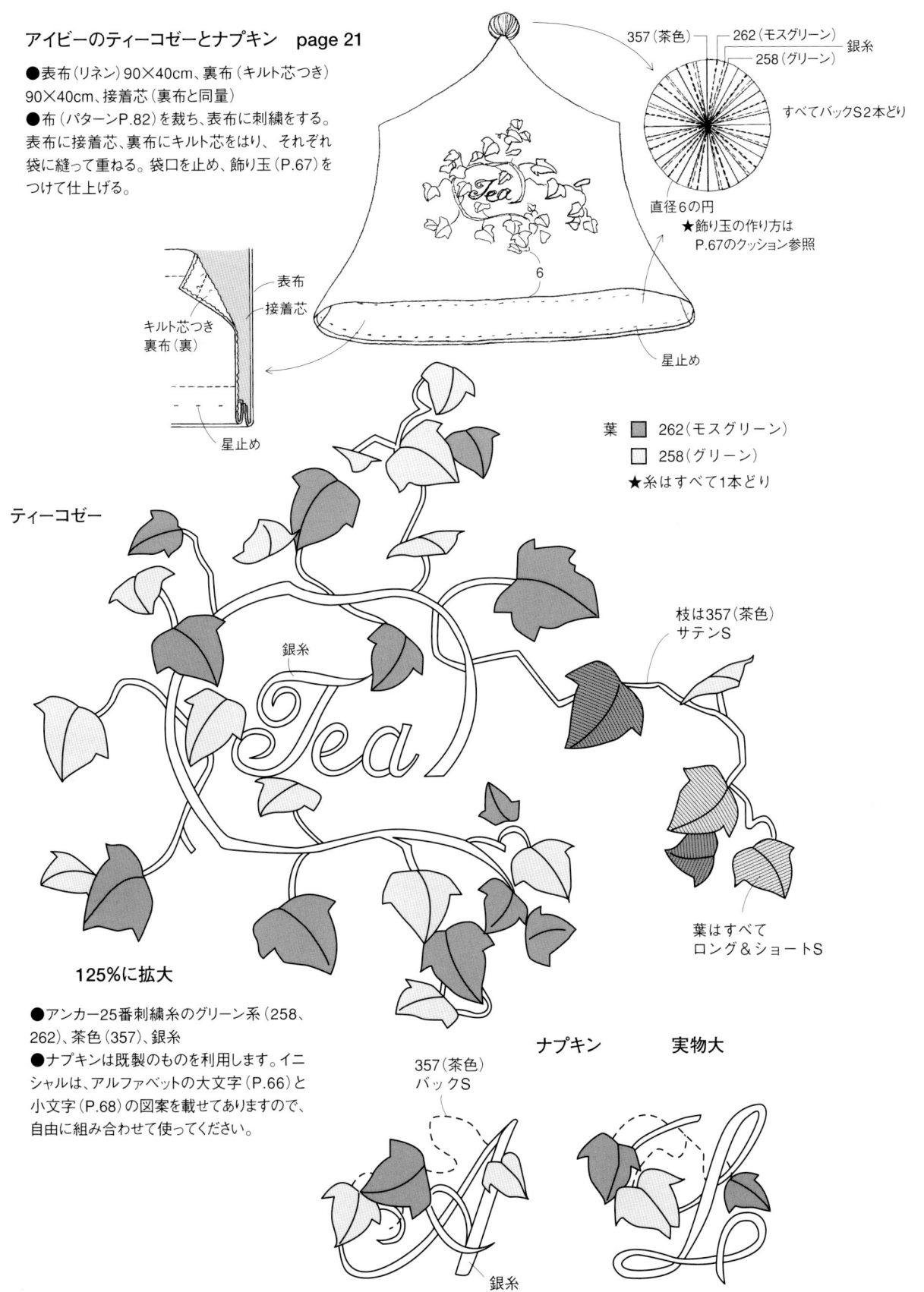

アイビーのティーコゼーとナプキン　page 21

●表布(リネン)90×40cm、裏布(キルト芯つき)90×40cm、接着芯(裏布と同量)
●布(パターンP.82)を裁ち、表布に刺繍をする。表布に接着芯、裏布にキルト芯をはり、それぞれ袋に縫って重ねる。袋口を止め、飾り玉(P.67)をつけて仕上げる。

357(茶色) — 262(モスグリーン) — 銀糸
258(グリーン)

すべてバックS2本どり

直径6の円
★飾り玉の作り方はP.67のクッション参照

表布
接着芯
キルト芯つき裏布(裏)
星止め

葉　■ 262(モスグリーン)
　　□ 258(グリーン)
★糸はすべて1本どり

ティーコゼー

枝は357(茶色)
サテンS

銀糸

葉はすべて
ロング&ショートS

125%に拡大

●アンカー25番刺繍糸のグリーン系(258、262)、茶色(357)、銀糸
●ナプキンは既製のものを利用します。イニシャルは、アルファベットの大文字(P.66)と小文字(P.68)の図案を載せてありますので、自由に組み合わせて使ってください。

ナプキン　実物大

357(茶色)
バックS

銀糸

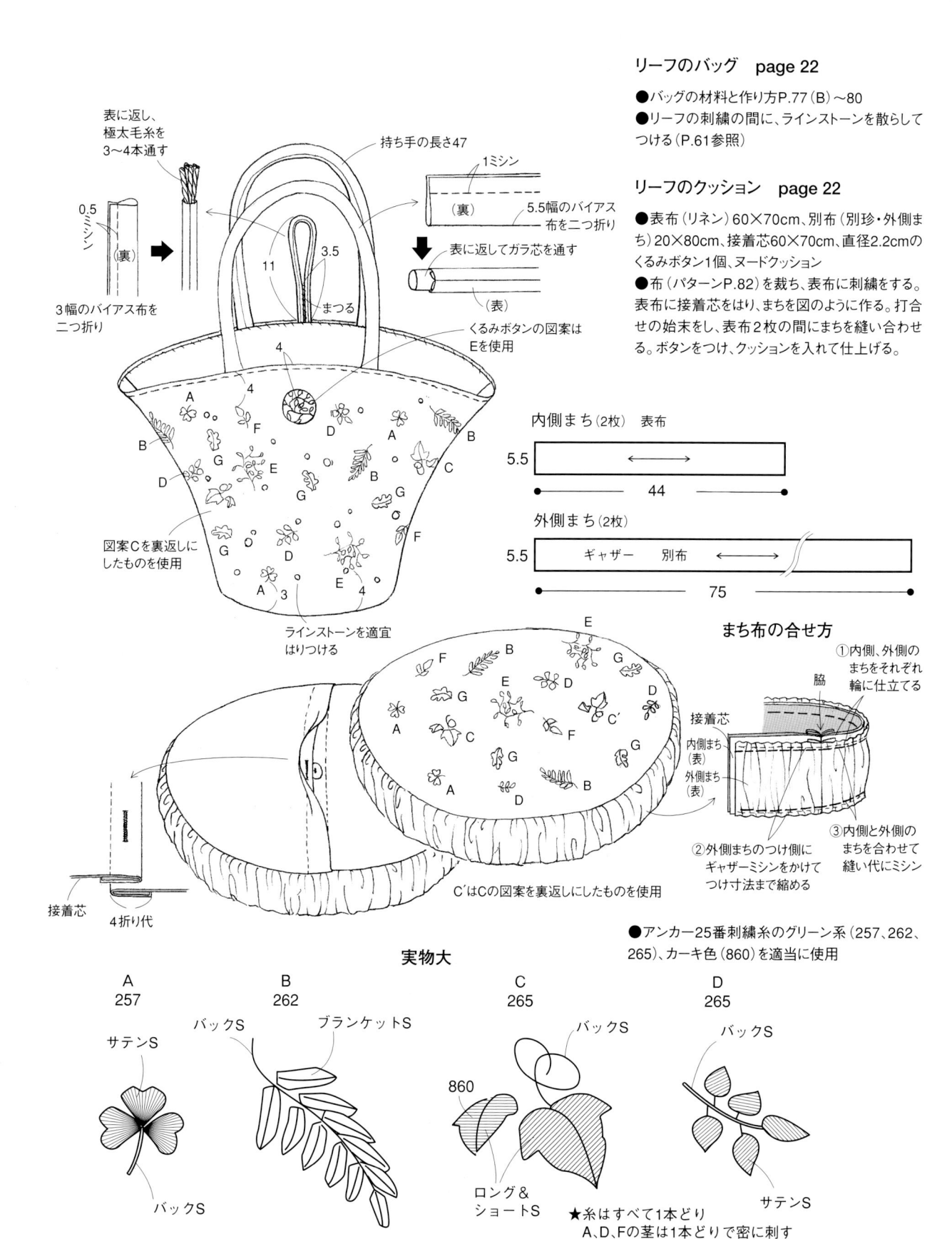

リーフのバッグ　page 22
- バッグの材料と作り方P.77(B)〜80
- リーフの刺繍の間に、ラインストーンを散らしてつける(P.61参照)

リーフのクッション　page 22
- 表布(リネン)60×70cm、別布(別珍・外側まち)20×80cm、接着芯60×70cm、直径2.2cmのくるみボタン1個、ヌードクッション
- 布(パターンP.82)を裁ち、表布に刺繍をする。表布に接着芯をはり、まちを図のように作る。打合せの始末をし、表布2枚の間にまちを縫い合わせる。ボタンをつけ、クッションを入れて仕上げる。

表に返し、極太毛糸を3〜4本通す

0.5ミシン（裏）
3幅のバイアス布を二つ折り

持ち手の長さ47
1ミシン
5.5幅のバイアス布を二つ折り
（裏）
（表）
表に返してガラ芯を通す
まつる

11　3.5
4
くるみボタンの図案はEを使用

図案Cを裏返しにしたものを使用

3　4
ラインストーンを適宜はりつける

内側まち(2枚)　表布
5.5 × 44

外側まち(2枚)
5.5 × 75　ギャザー　別布

まち布の合せ方
① 内側、外側のまちをそれぞれ輪に仕立てる
② 外側まちのつけ側にギャザーミシンをかけてつけ寸法まで縮める
③ 内側と外側のまちを合わせて縫い代にミシン

接着芯　内側まち(表)　外側まち(表)　脇

接着芯　4折り代

C'はCの図案を裏返しにしたものを使用

実物大

A　257　サテンS／バックS

B　262　バックS／ブランケットS

C　265　バックS　860　ロング＆ショートS

D　265　バックS　サテンS

★糸はすべて1本どり
A、D、Fの茎は1本どりで密に刺す

- アンカー25番刺繍糸のグリーン系(257、262、265)、カーキ色(860)を適当に使用

エスパドリーユのミニバッグ　page 27

- 表布（リネン）30×40cm、裏布25×40cm、接着芯45×40cm
- 表布に刺繍をしてから、接着芯をはってバッグに仕立てる。

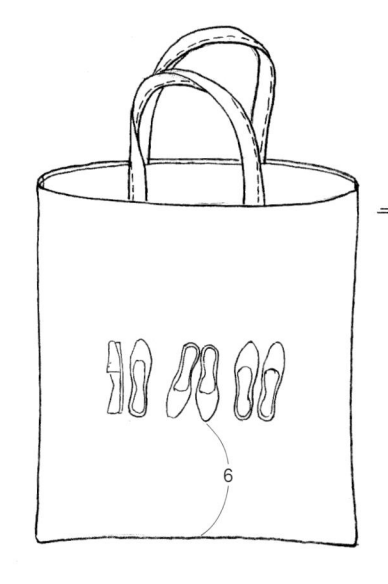

縫い方

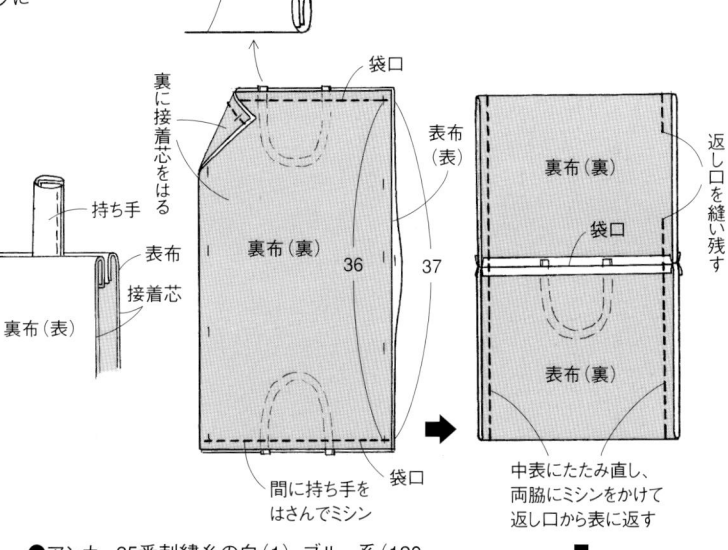

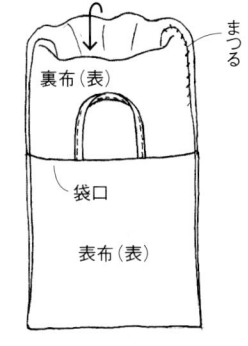

1 ステッチ
裏に接着芯をはる
袋口
表布（表）
持ち手
表布
接着芯
裏布（表）
裏布（裏）
36　37
間に持ち手をはさんでミシン
袋口

返し口を縫い残す
裏布（裏）
袋口
表布（裏）

中表にたたみ直し、両脇にミシンをかけて返し口から表に返す

中袋を表袋の中に入れる
裏布（表）
まつる
袋口
表布（表）

● アンカー25番刺繍糸の白(1)、ブルー系(120、177)、サンドベージュ(832)

実物大

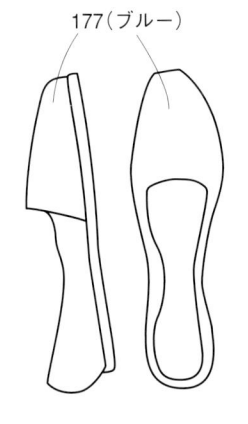

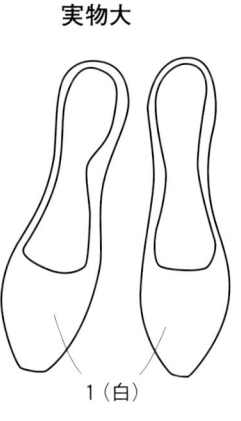

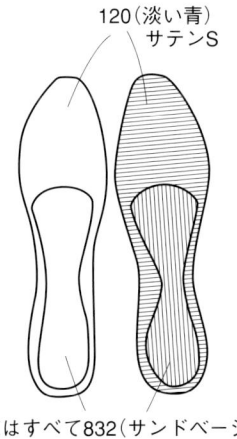

177（ブルー）

1（白）

120（淡い青）
サテンS

靴底はすべて832（サンドベージュ）
ロング＆ショートS
★糸はすべて1本どり

実物大

E 860　サテンS　バックS

F 262　バックS　サテンS

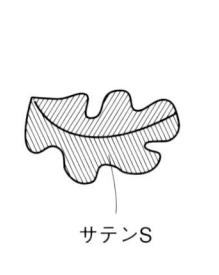

G 257　サテンS

大きさ

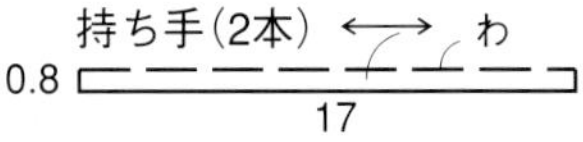

持ち手（2本）　わ
0.8　17

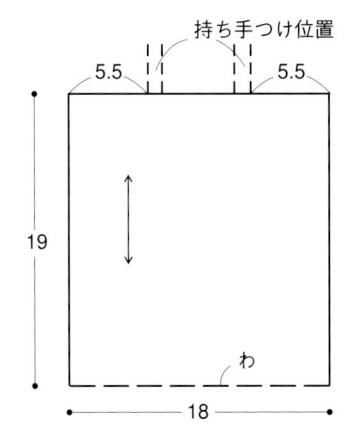

持ち手つけ位置
5.5　5.5
19
わ
18

Making 59

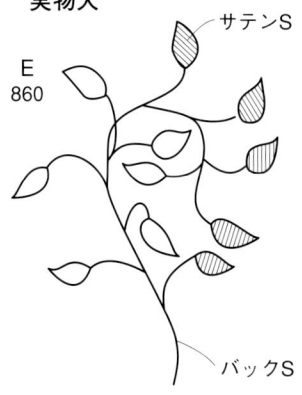

フレンチブルー（スイートピンク）の刺繍糸入れ　page 9、25

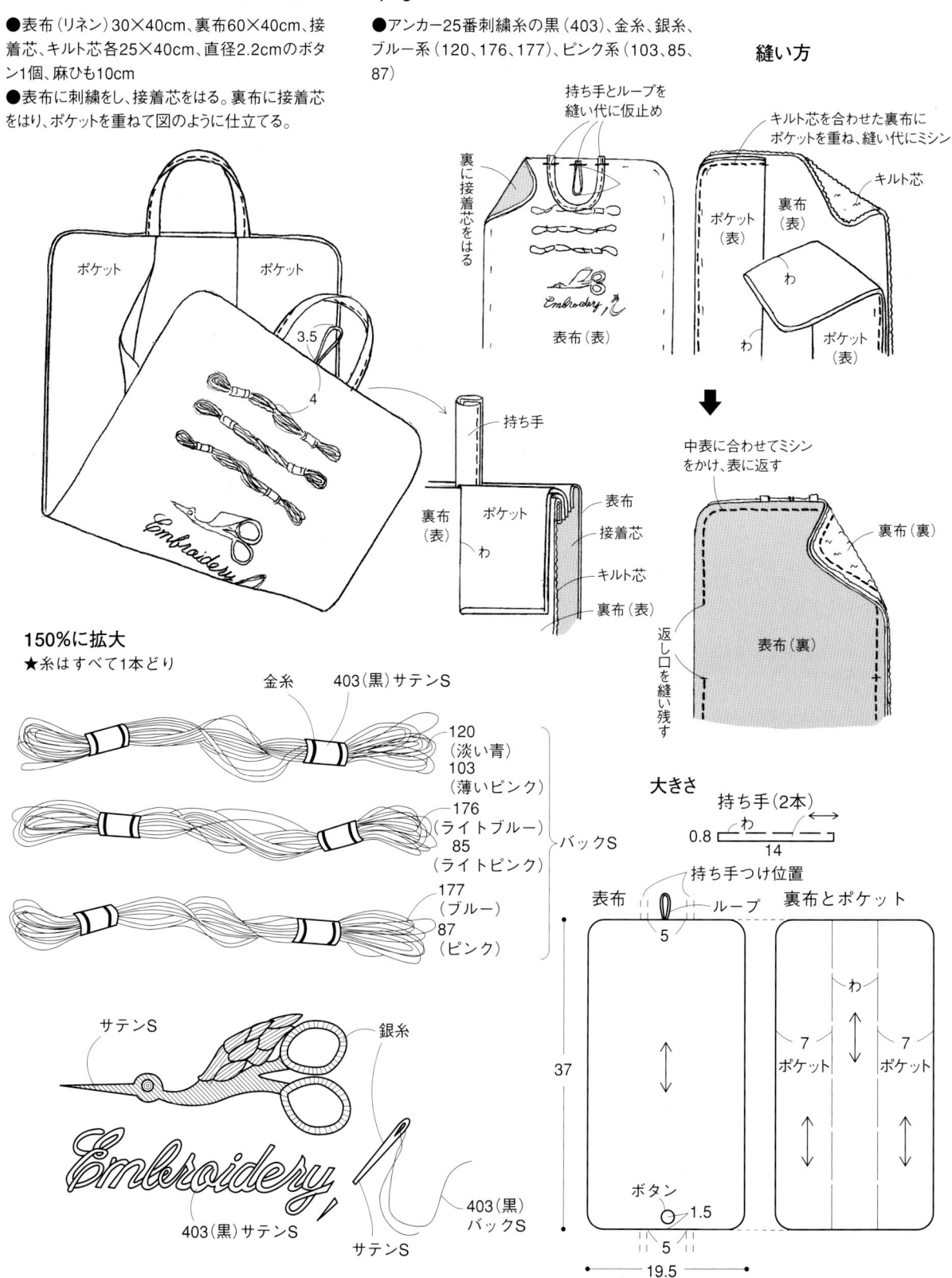

- 表布（リネン）30×40cm、裏布60×40cm、接着芯、キルト芯各25×40cm、直径2.2cmのボタン1個、麻ひも10cm
- 表布に刺繍をし、接着芯をはる。裏布に接着芯をはり、ポケットを重ねて図のように仕立てる。
- アンカー25番刺繍糸の黒（403）、金糸、銀糸、ブルー系（120、176、177）、ピンク系（103、85、87）

縫い方

持ち手とループを縫い代に仮止め

裏に接着芯をはる

キルト芯を合わせた裏布にポケットを重ね、縫い代にミシン

キルト芯
裏布（表）
ポケット（表）
わ

中表に合わせてミシンをかけ、表に返す

裏布（裏）
表布（裏）
返し口を縫い残す

持ち手
表布
接着芯
ポケット
わ
裏布（表）
キルト芯

150％に拡大
★糸はすべて1本どり

- 金糸
- 403（黒）サテンS
- 120（淡い青）
- 103（薄いピンク）
- 176（ライトブルー）
- 85（ライトピンク）
- 177（ブルー）
- 87（ピンク）
- バックS

サテンS　銀糸
403（黒）サテンS
403（黒）バックS
サテンS

大きさ

持ち手（2本）
0.8　わ　14

持ち手つけ位置
表布　ループ
5
37
ボタン
1.5
5
19.5

裏布とポケット
わ
7　ポケット　7　ポケット

スワンのめがねケース　page 28

- 表布(リネン)30×75cm、裏布50×40cm、接着芯50×75cm、キルト芯50×40cm、ラインストーンのブラックオパール直径4mmを4個、オパール直径3mmを4個、ラインストーン専用ボンド(GEM-TAC)
- 実物大パターンP.81。表布に刺繍をし、接着芯をはる。裏布に接着芯、キルト芯をはり、図のように仕立てる。

実物大

4mmのラインストーン(ブラックオパール)

403(黒)サテンS 1本どり

銀糸 1本どり

3mmのラインストーン(オパール)

サテンS

● アンカー25番刺繍糸の黒(403)、銀糸

縫い方

① 接着芯をはる
② キルト芯を重ねて、縫い代に仮止めミシン

0.8 縫い代

表布と裏布を中表にしてミシンをかけ、表に返す
切込み

表布(裏)
裏布(裏)
縫止り

両脇にミシン
底

返し口を縫い残す
裏布どうしを中表に合わせてミシン
縫止り
縫止り位置に表からかんぬき止め
返し口をまつる

ラインストーンのはり方

指先をぬらしてラインストーンを持ち上げ、つけ位置にはりつける

つまようじの先にラインストーン専用ボンド(GEM-TAC)をつけて、つけ位置にぬる

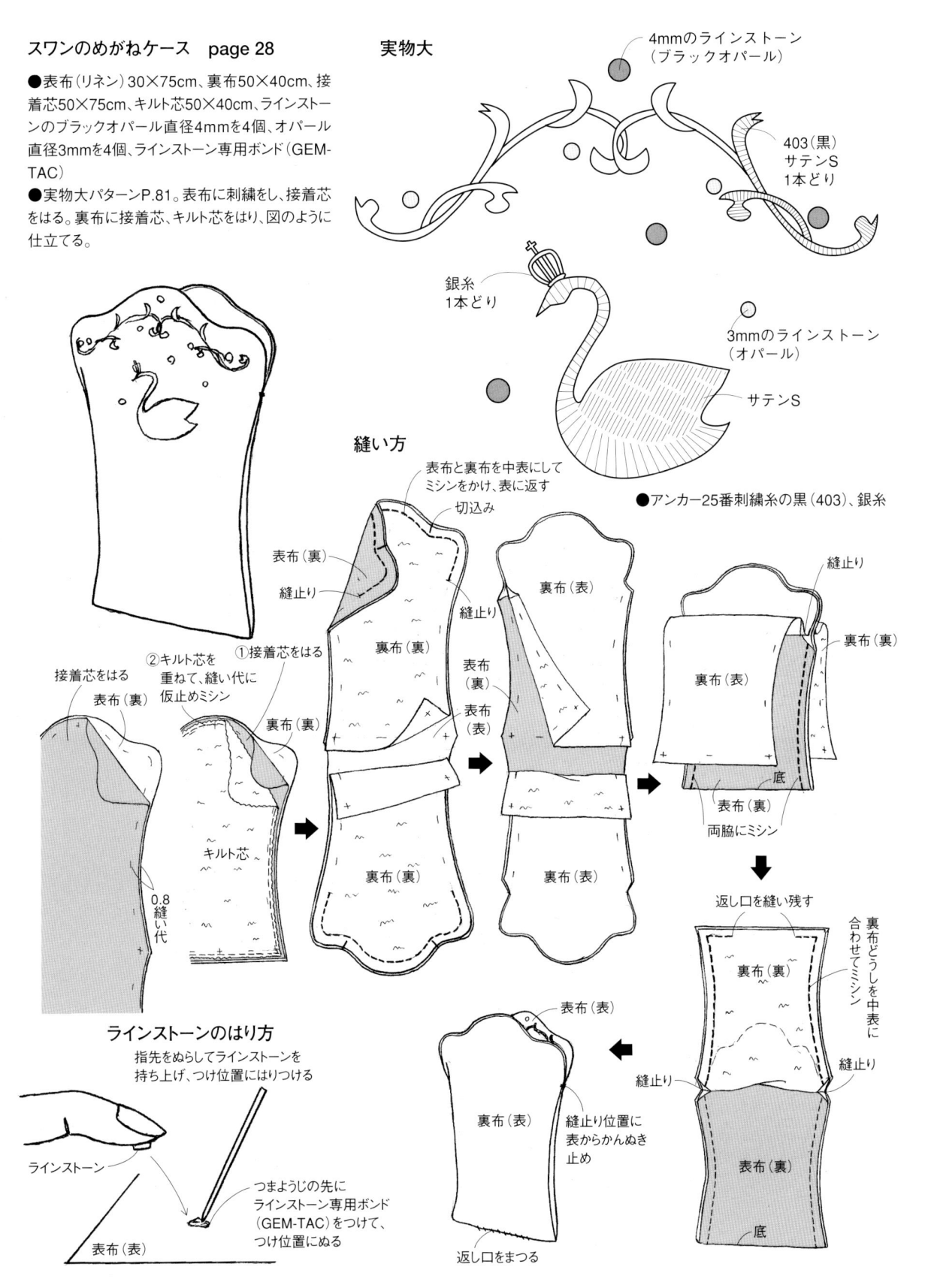

トーシューズのバッグ　page 29
- バッグの材料と作り方 P.77（C）〜80
- アンカー25番刺繍糸の黒（403）、ベージュ系（387、388）、黒の穴糸

★すべて25番刺繍糸1本どり

125%に拡大

持ち手の長さ27
（表は皮革、裏はグログランリボン）
1.5
裏布（表）
3
くるみボタン
クリスタルビーズ
おおい布
（表は裏布、裏は別布）
20×20
縫い方 P.47
5

403（黒）サテンS
388（薄茶色）サテンS
387（生成り）ロング＆ショートS
長さ10の黒の穴糸を差し込んで、蝶結び
403（黒）ロング＆ショートS

パステルのトーシューズのバッグ　page 4
- バッグの材料と作り方 P.77（C）〜80
- 好みの色で刺繍をする。持ち手は、刺繍の色と同色のグログランリボンを5枚重ねて、中央をミシンで止めたものを使う。

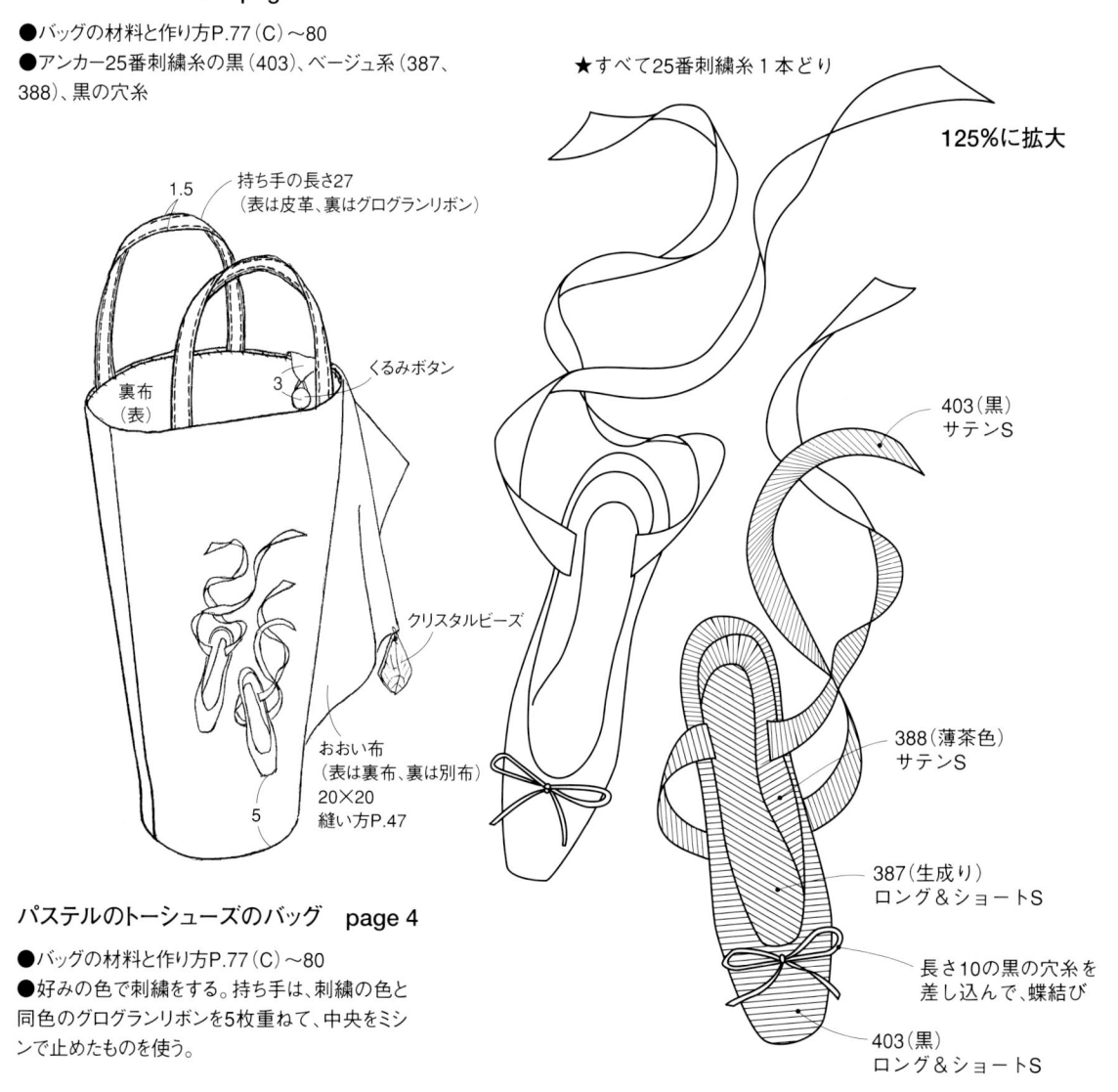

スワンのリボン　page 31
- アンカー25番刺繍糸の黒（403）、銀糸、ラインストーン3mm、4mmのクリスタル、ラインストーン専用ボンド（GEM-TAC）

4mmのラインストーン（クリスタル）
3mmのラインストーン（クリスタル）
実物大

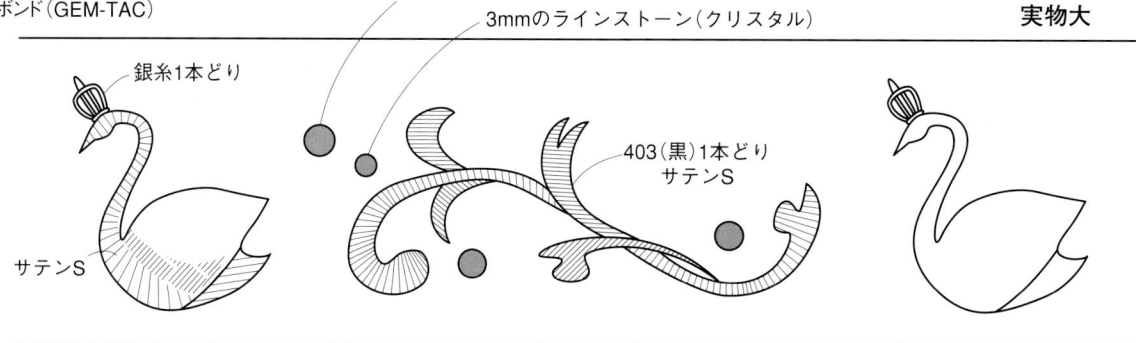

銀糸1本どり
サテンS
403（黒）1本どり
サテンS

チュチュのバッグ　page 30

- バッグの材料と作り方 P.77（A）〜80
- アンカー25番刺繍糸の黒（403）、ベージュ系（387、388）、銀糸
- 黒の薄手と厚手のチュール各21×21cm

チュチュ　薄手と厚手のチュール各1枚

波形にカット

フラップつき内ポケット
（15×5）（14.5×10）

裏布（表）

くるみボタン

おおい布
（表は裏布、裏は別布）
35×35
縫い方 P.47

クリスタルビーズ

（裏）
（表）

刺繍位置

厚手と薄手チュールの裾の波形をずらして重ねる

細かくタックをたたみ、表布に縫い止める

チュールの上からステッチを刺す

200%に拡大

中心

403（黒）
サテンS

403（黒）
サテンS

388（薄茶色）
サテンS

387（生成り）
ロング＆ショートS

403（黒）
ロング＆ショートS

★すべて25番刺繍糸1本どり

バックS
チェーンSを渦巻き状に刺してうめる

銀糸1本どり
サテンS

銀糸1本どり
アウトラインS

403（黒）
サテンS

403（黒）
サテンS

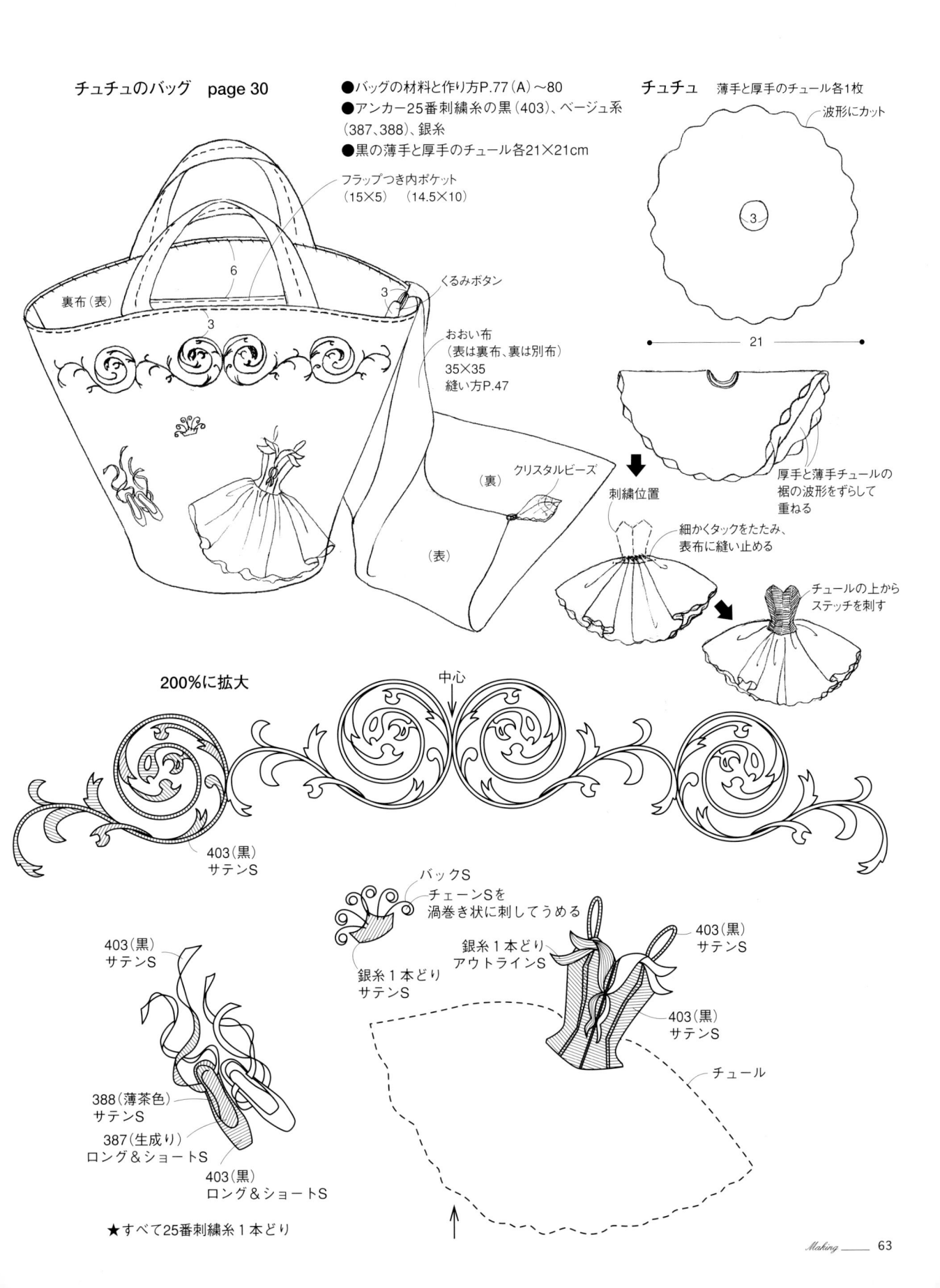

チュール

実物大

茎はすべてバックS
2本どり
― 2列刺す
--- 1列刺す

葉はすべてサテンS1本どり

★糸は葉、茎とも25番刺繍糸
387(生成り)

サテンS1本どり

スリッパの図案(左右対称に入れる)

中心

中心

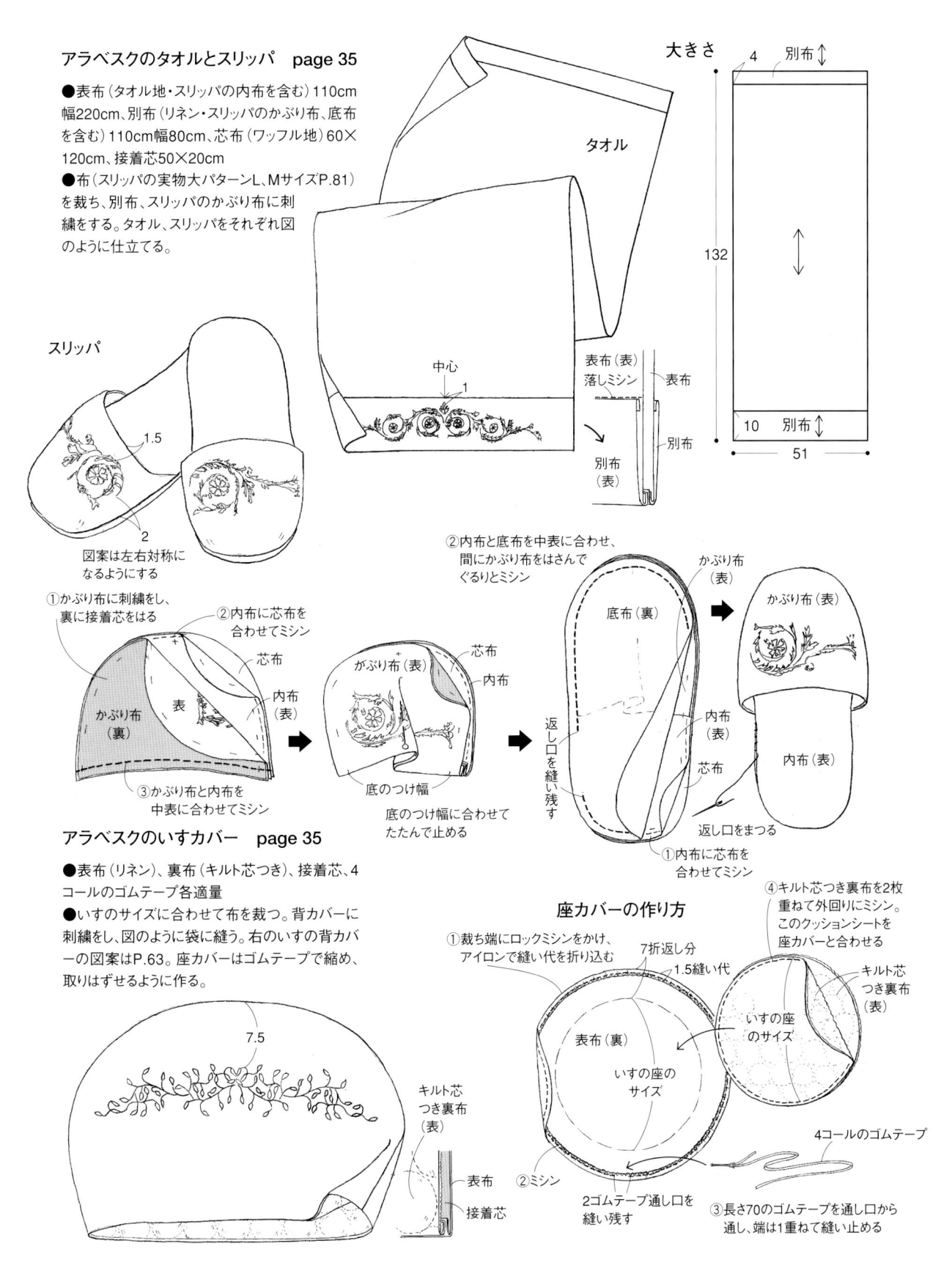

アラベスクのタオルとスリッパ　page 35

●表布（タオル地・スリッパの内布を含む）110cm幅220cm、別布（リネン・スリッパのかぶり布、底布を含む）110cm幅80cm、芯布（ワッフル地）60×120cm、接着芯50×20cm
●布（スリッパの実物大パターンL、MサイズP.81）を裁ち、別布、スリッパのかぶり布に刺繍をする。タオル、スリッパをそれぞれ図のように仕立てる。

大きさ

タオル　中心　1
表布（表）落しミシン　表布　別布　別布（表）
132　51　4　別布　10　別布

スリッパ　1.5　2
図案は左右対称になるようにする

①かぶり布に刺繍をし、裏に接着芯をはる
かぶり布（裏）　表　芯布　内布（表）
②内布に芯布を合わせてミシン
③かぶり布と内布を中表に合わせてミシン

かぶり布（表）　芯布　内布
底のつけ幅
底のつけ幅に合わせてたたんで止める

②内布と底布を中表に合わせ、間にかぶり布をはさんでぐるりとミシン
底布（裏）　かぶり布（表）　内布（表）　芯布
返し口を縫い残す
①内布に芯布を合わせてミシン
返し口をまつる

アラベスクのいすカバー　page 35

●表布（リネン）、裏布（キルト芯つき）、接着芯、4コールのゴムテープ各適量
●いすのサイズに合わせて布を裁つ。背カバーに刺繍をし、図のように袋に縫う。右のいすの背カバーの図案はP.63。座カバーはゴムテープで縮め、取りはずせるように作る。

7.5
キルト芯つき裏布（表）　表布　接着芯

座カバーの作り方

①裁ち端にロックミシンをかけ、アイロンで縫い代を折り込む
7折返し分　1.5縫い代
表布（裏）　いすの座のサイズ
②ミシン
2ゴムテープ通し口を縫い残す

④キルト芯つき裏布を2枚重ねて外回りにミシン。このクッションシートを座カバーと合わせる
キルト芯つき裏布（表）　いすの座のサイズ
4コールのゴムテープ
③長さ70のゴムテープを通し口から通し、端は1重ねて縫い止める

●アルファベット大文字
アンカー25番刺繍糸のこげ茶色(905)

125%に拡大　　　　　　　　　　　　　　　★サテンS 1本どり

イニシャルのクッション　page 37

- 表側布、裏側重ね分（リネン）60×25cm、裏側布40×25cm、飾り玉用布（リネン）40×30cm、接着芯90cm幅25cm、直径2.2cmのボタン1個、化繊わた、ヌードクッション
- 表側布に刺繍（大文字P.66、小文字P.68）をし、裏側布とも接着芯をはる。切替え位置の始末をし、袋に縫う。飾り玉を作って縁にとじつける。

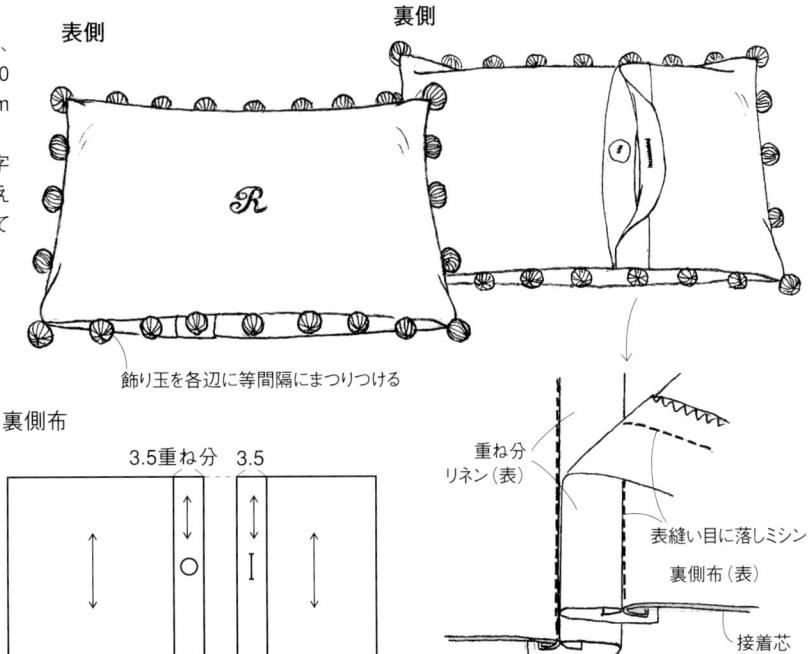

表側　裏側

飾り玉を各辺に等間隔にまつりつける

大きさ

表側布
飾り玉
21 × 36

裏側布
3.5重ね分　3.5
21 × 23 ／ 16.5

重ね分 リネン（表）
表縫い目に落しミシン
裏側布（表）
接着芯
5.5折り代

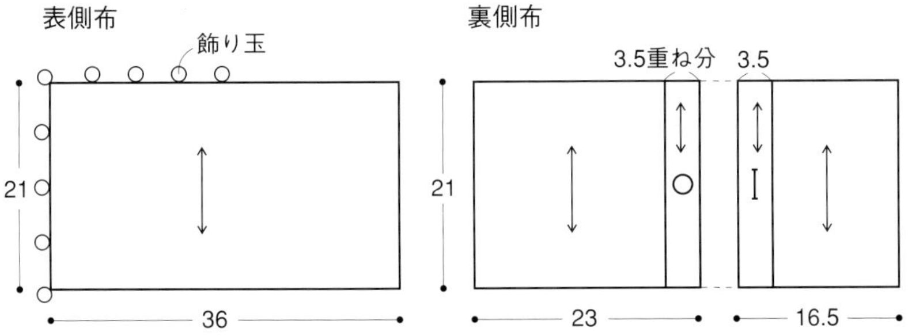

- アンカー25番刺繍糸の銀糸、カーキ色（856）、薄茶色（362）、白（1）、オレンジ色（314）、赤紫（88）、チャコールグレー（899）、サンドベージュ（830）、グレー（399）

飾り玉

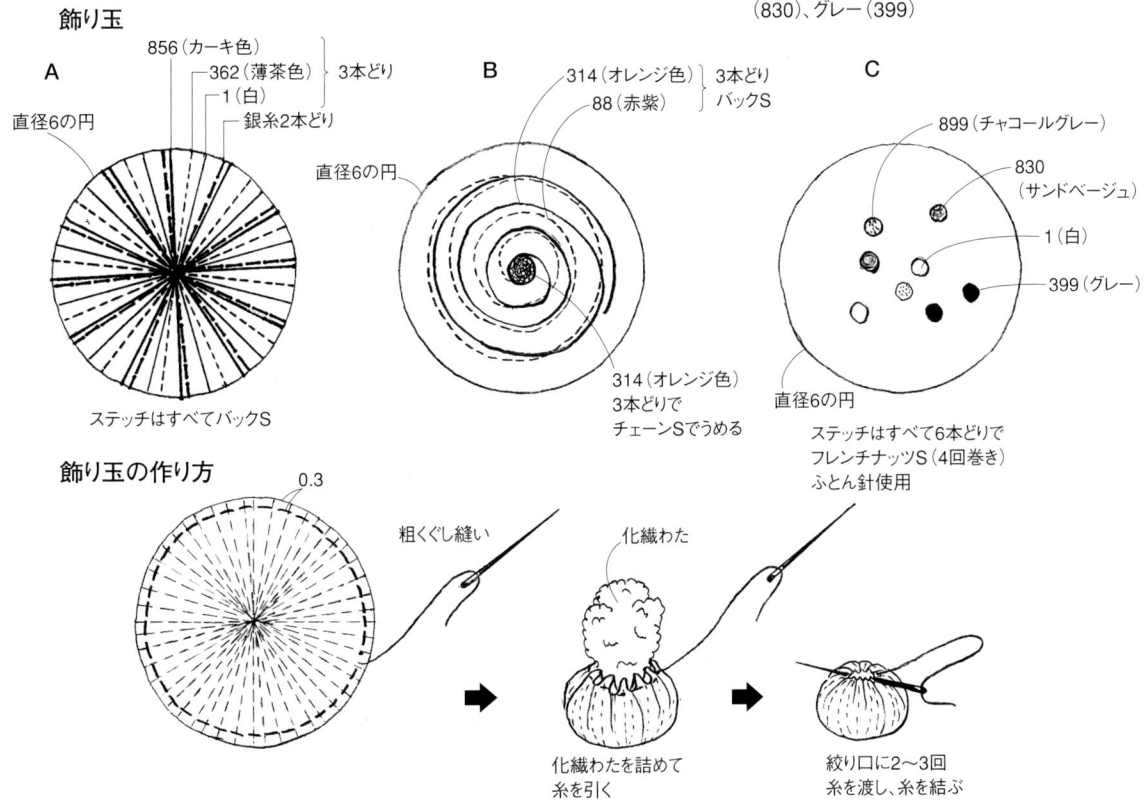

A
- 856（カーキ色）
- 362（薄茶色）　3本どり
- 1（白）
- 銀糸2本どり
直径6の円
ステッチはすべてバックS

B
- 314（オレンジ色）　3本どり バックS
- 88（赤紫）
直径6の円
314（オレンジ色）3本どりでチェーンSでうめる

C
- 899（チャコールグレー）
- 830（サンドベージュ）
- 1（白）
- 399（グレー）
直径6の円
ステッチはすべて6本どりでフレンチナッツS（4回巻き）
ふとん針使用

飾り玉の作り方

0.3　粗くぐし縫い　化繊わた

化繊わたを詰めて糸を引く → 絞り口に2〜3回糸を渡し、糸を結ぶ

● アルファベット小文字（大文字と組み合わせてお使いください）
アンカー25番刺繍糸のこげ茶色（905）

★サテンS1本どり

125％に拡大

a b c d e

f g h i j

k l m n o

p q r s t

u v w x y z

カサブランカのクッション　page 33

- 表側布(リネン)110cm幅45cm、裏側布60×25cm、接着芯60×50cm、4cm幅のグログランリボン25cm、直径2.2cmのボタン1個、ヌードクッション
- 表側布に刺繍をし、裏側布ともに接着芯をはる。裏側にグログランリボンを縫いつけ、図のように返し口を始末する。フリルのひだをたたんでクッションに仕立てる。

大きさ

表側布　フリル
3　3.4　3.4　3.4　3.4
21
3　3.4　3.4　3.4　3.4
40

裏側布
21
2
17

3重ね分
26

上側フリル（下側フリル は同寸法でひだのたたみ方を逆方向にする）　わ
4
5　5　3.4　5　3.4　5　3.4　5　3.4　5　3.4　5
99

表側　　裏側
1.5
A
5.5
B
7.5
2

図案AにBを交わるように配置する

- アンカー25番刺繍糸の白(1)、グリーン系(256、258)、カーキ色(860)、茶色(340)、山吹色(298)

ステッチ
グログランリボン
ステッチで押さえる
裏側布(表)
接着芯　5折り代　接着芯

カサブランカのドレッサー　page 33

- 表布(リネン)、3cm幅のゴムテープ各適量
- 布はドレッサーのサイズに合わせて用意する。ギャザーの分量はお好みで。図のように上端をゴムテープで縮めてつける。

端は重ねて縫い止める
3幅のゴムテープをつけ寸法の80%の長さで用意し、通し口から通す
35
2.5
三つ折りにしてミシン

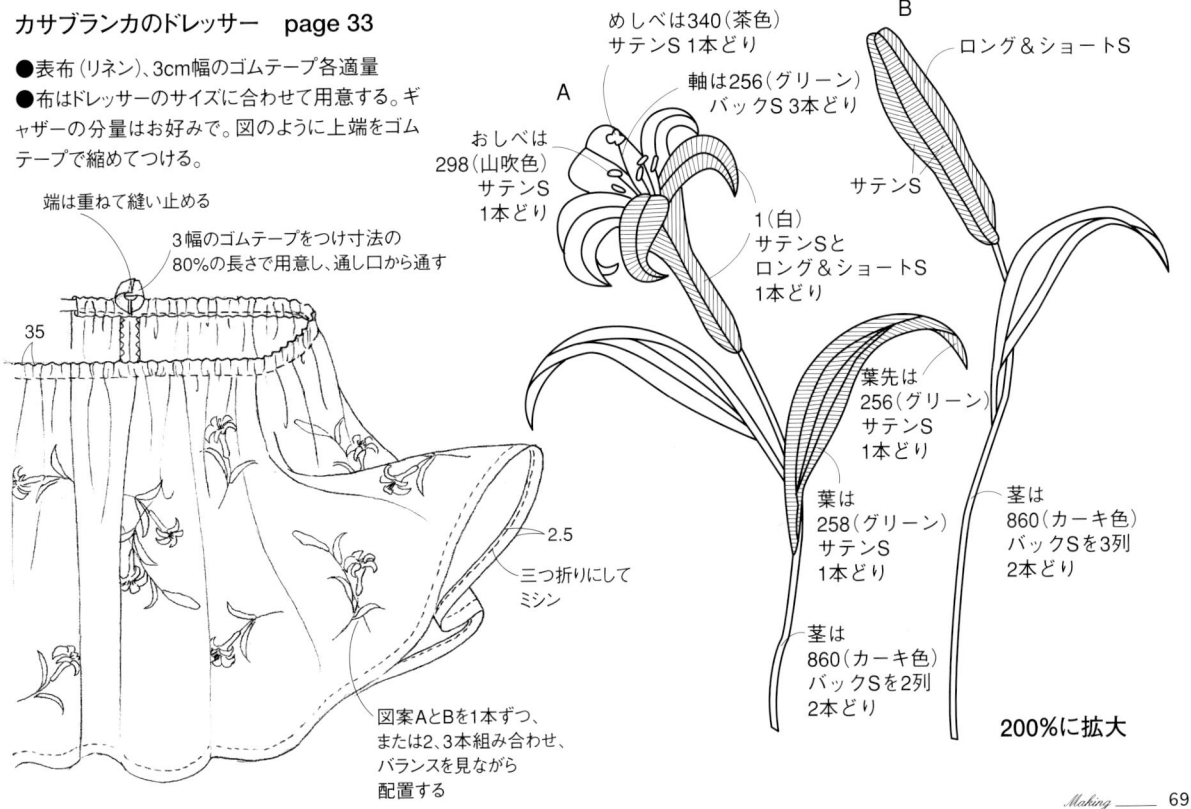

図案AとBを1本ずつ、または2、3本組み合わせ、バランスを見ながら配置する

A
めしべは340(茶色)　サテンS 1本どり
軸は256(グリーン)　バックS 3本どり
おしべは298(山吹色)　サテンS 1本どり
1(白)　サテンSとロング＆ショートS 1本どり

B
ロング＆ショートS
サテンS
葉先は256(グリーン)　サテンS 1本どり
葉は258(グリーン)　サテンS 1本どり
茎は860(カーキ色)　バックSを3列 2本どり
茎は860(カーキ色)　バックSを2列 2本どり

200%に拡大

雪の結晶の箱　page 41

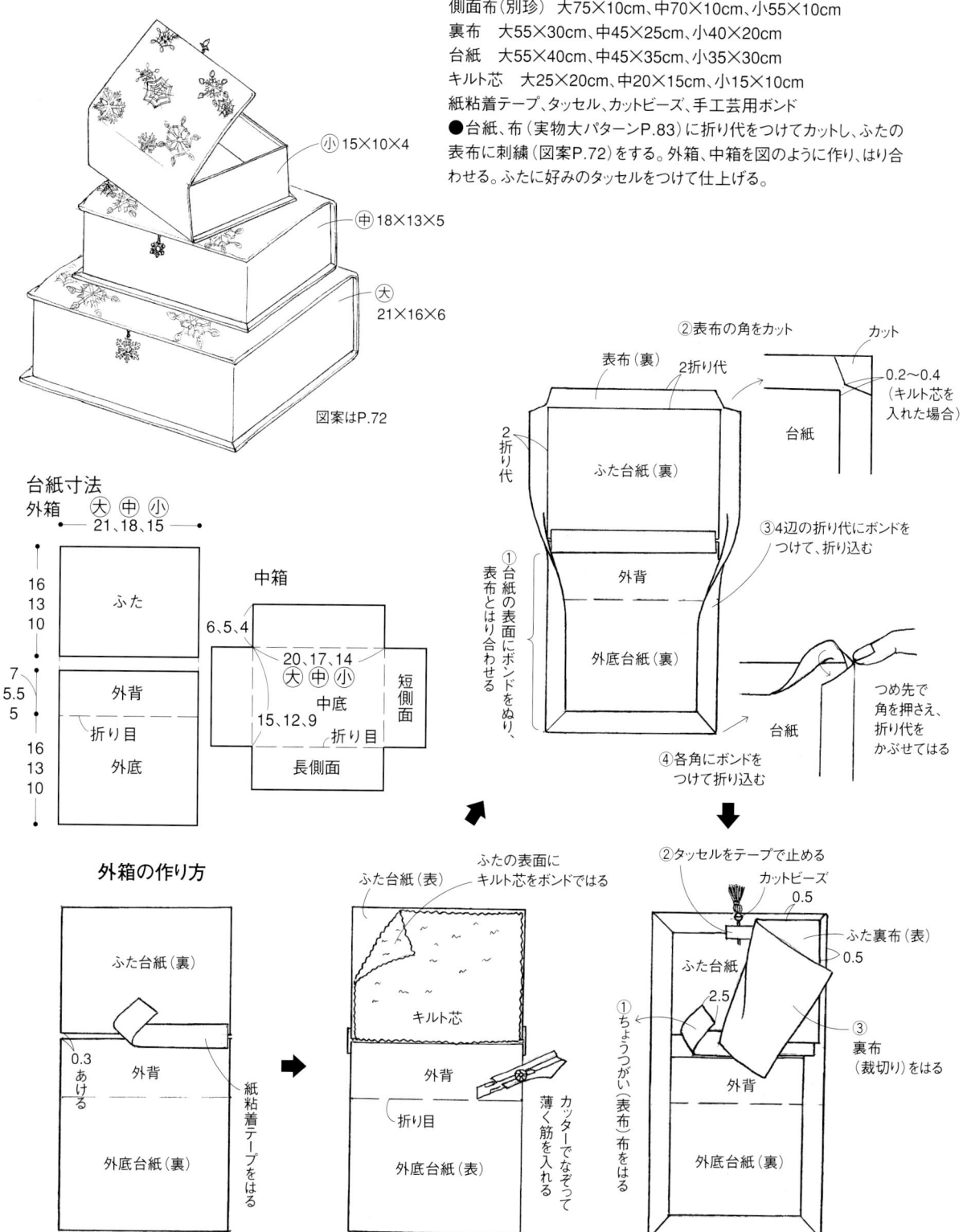

- 表布（リネン）　大35×55cm、中35×45cm、小30×40cm
  側面布（別珍）　大75×10cm、中70×10cm、小55×10cm
  裏布　大55×30cm、中45×25cm、小40×20cm
  台紙　大55×40cm、中45×35cm、小35×30cm
  キルト芯　大25×20cm、中20×15cm、小15×10cm
  紙粘着テープ、タッセル、カットビーズ、手工芸用ボンド
- 台紙、布（実物大パターンP.83）に折り代をつけてカットし、ふたの表布に刺繍（図案P.72）をする。外箱、中箱を図のように作り、はり合わせる。ふたに好みのタッセルをつけて仕上げる。

小 15×10×4
中 18×13×5
大 21×16×6

図案はP.72

中箱の作り方

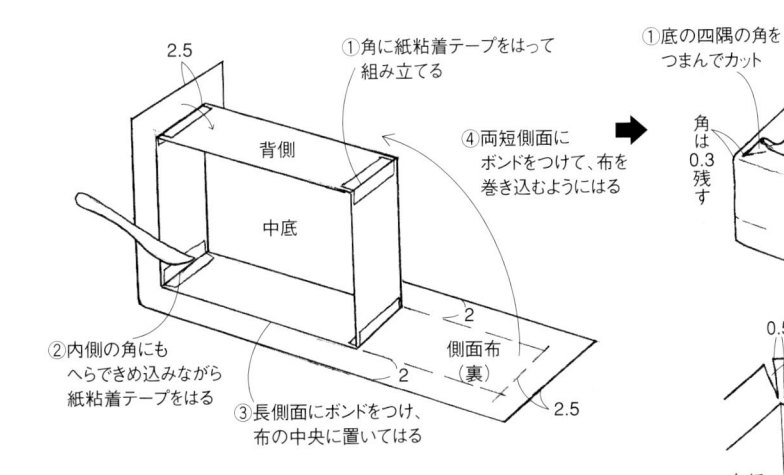

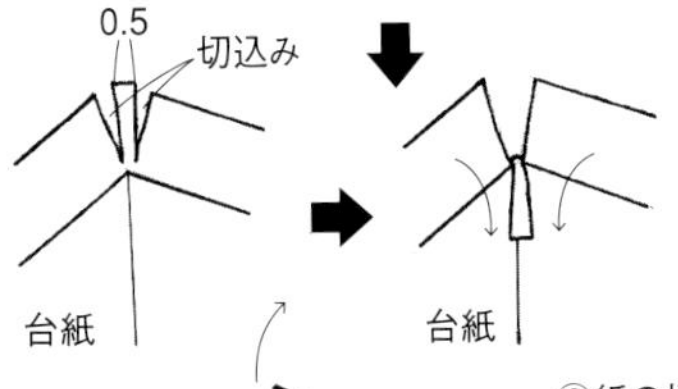

①角に紙粘着テープをはって組み立てる

2.5

背側
中底
側面布（裏）
2
2
2.5

②内側の角にもへらできめ込みながら紙粘着テープをはる

③長側面にボンドをつけ、布の中央に置いてはる

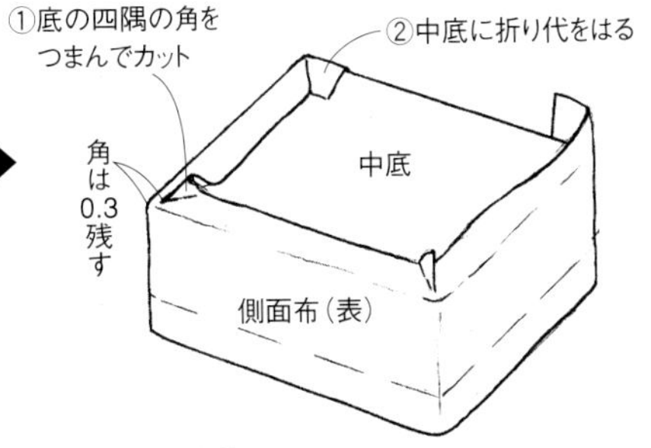

④両短側面にボンドをつけて、布を巻き込むようにはる

①底の四隅の角をつまんでカット

角は0.3残す

②中底に折り代をはる

中底
側面布（表）

0.5
切込み
台紙 → 台紙

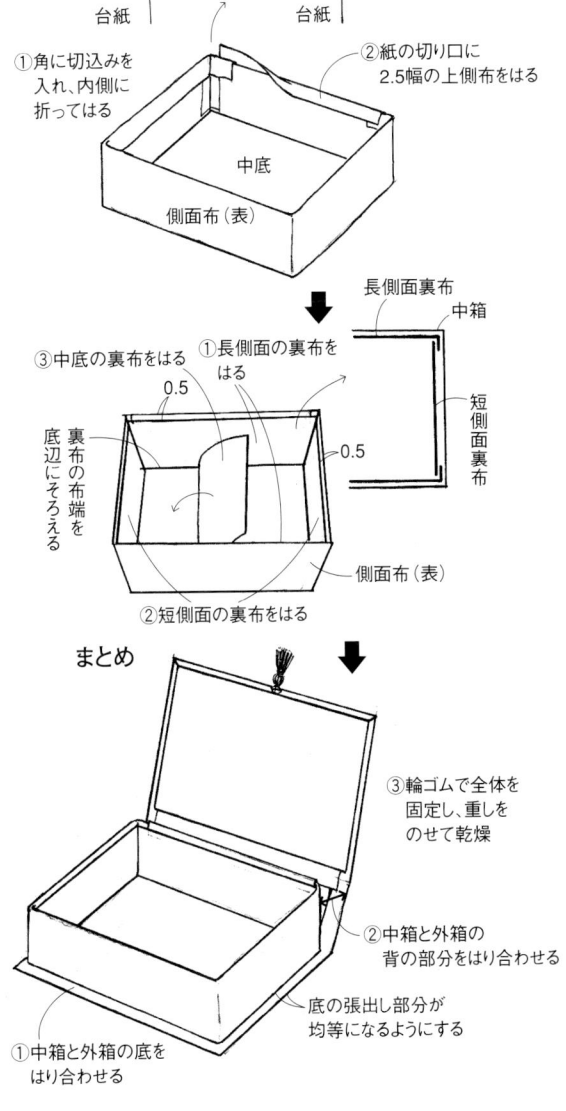

①角に切込みを入れ、内側に折ってはる

②紙の切り口に2.5幅の上側布をはる

中底
側面布（表）

①長側面の裏布をはる

長側面裏布
中箱
短側面裏布

0.5
0.5

③中底の裏布をはる

裏布の布端を底辺にそろえる

②短側面の裏布をはる

側面布（表）

雪の結晶のバッグ　page 39

● バッグの材料と作り方P.77（B）〜80
● 図案はP.73、持ち手、ループの作り方はP.58参照。

バッグ

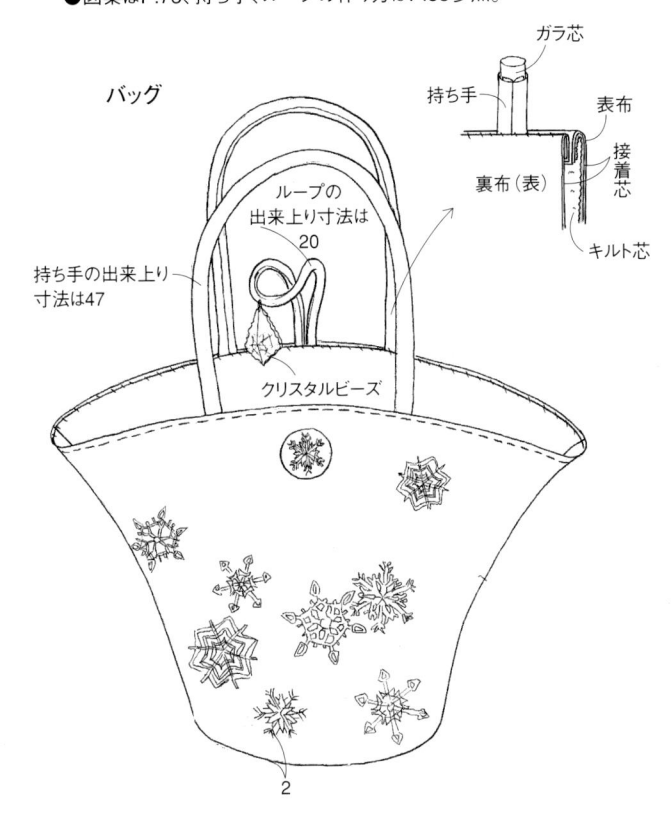

持ち手の出来上り寸法は47

ループの出来上り寸法は20

クリスタルビーズ

2

ガラ芯
持ち手
表布
接着芯
裏布（表）
キルト芯

まとめ

①中箱と外箱の底をはり合わせる

②中箱と外箱の背の部分をはり合わせる

底の張出し部分が均等になるようにする

③輪ゴムで全体を固定し、重しをのせて乾燥

●雪の結晶の箱の図案　アンカー25番刺繍糸の白(1)

背側

㊛の実物大図案
㊥は㊛を85%縮小した図案を使用
㊙は㊛を70%縮小した図案を使用

●雪の結晶のバッグの図案

ロング&ショートS以外は
すべてサテンS

ロング&ショートS

くるみボタンは
このままの図案を
使用

★A、B、C、DはP.38の
サンプラー(手前からA)の
実物大図案

125%に拡大

★すべて25番刺繡糸の白(1)1本どり

★糸はすべて銀糸1本どり、サテンS　　　　　160％に拡大

アドベントカレンダー　page 42

- 表布(リネン)35×55cm、裏布35×50cm、キルト芯35×55cm、ブレード160cm、ボード30.5×45.5cm、手工芸用ボンド
- 表布に刺繍をしてキルト芯を重ね、折り代をボードにはりつける。裏布をとじつけ、側面にブレードを縫い止める。オーナメントをはり、好みの飾りをピンで止める。

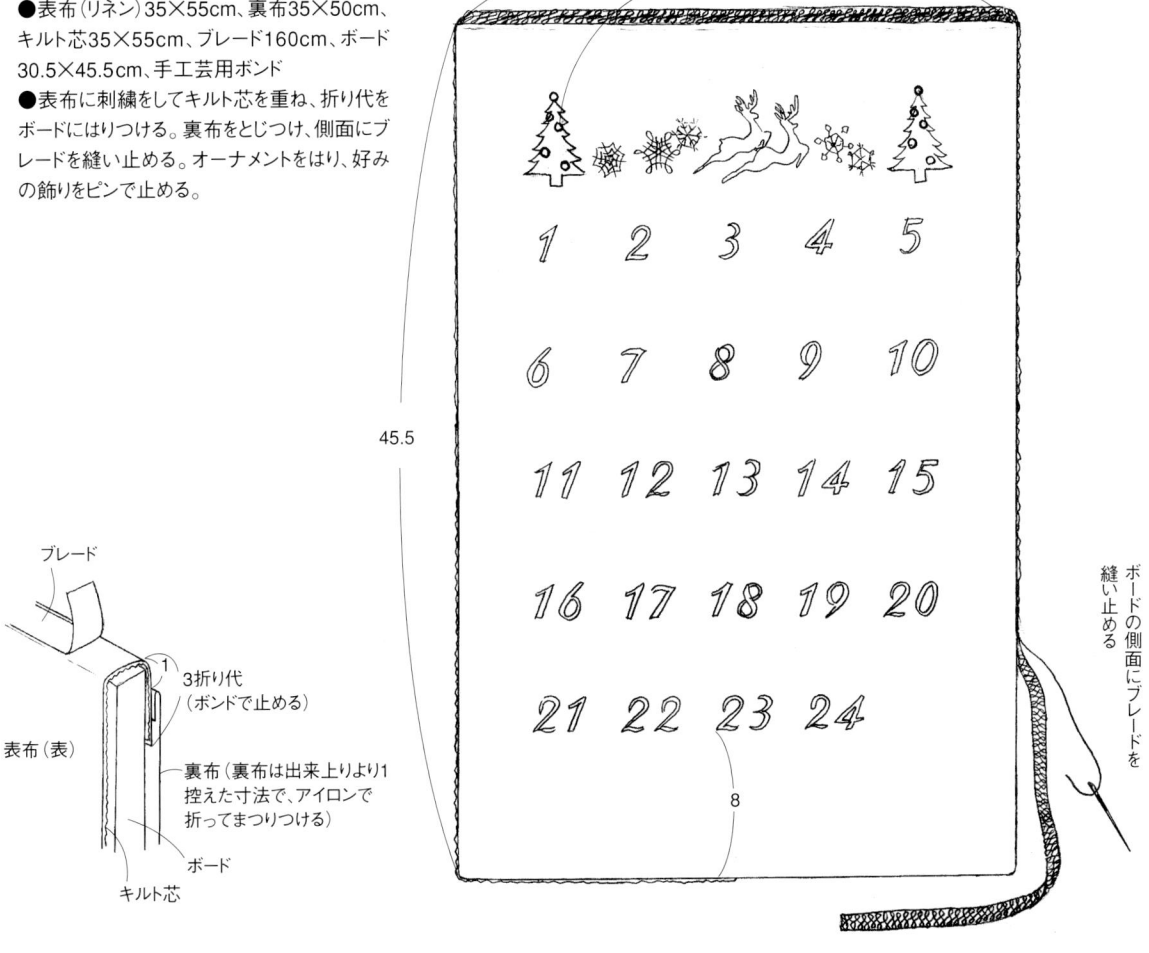

30.5

オーナメントをはりつける

45.5

1 2 3 4 5
6 7 8 9 10
11 12 13 14 15
16 17 18 19 20
21 22 23 24

8

ボードの側面にブレードを縫い止める

ブレード
3折り代（ボンドで止める）
表布（表）
裏布（裏布は出来上りより1控えた寸法で、アイロンで折ってまつりつける）
ボード
キルト芯

図案の写し方

図案を写す前に、リネンにアイロンをかけてしわをのばしておく。
- 図案をトレーシングペーパーか薄紙に写し取る。布の上にチョークペーパー、図案、セロファンを重ねて図案を写す。
- リネンは図案が写りにくく、刺繍しているうちに図案が消えやすい。幹や茎など図案の中心をしっかり写し、細かい部分は刺繍をしながら、チョークペンシルでそのつど図案を直接リネンにかき足すといい。
- 刺し終わるとリネンがくしゃくしゃの状態になるので、裏から軽く蒸気をあて、アイロンを高温でていねいにのばすようにかける。その後、裏に接着芯を当て、アイロンで押さえてはりつけ、仕上げる。

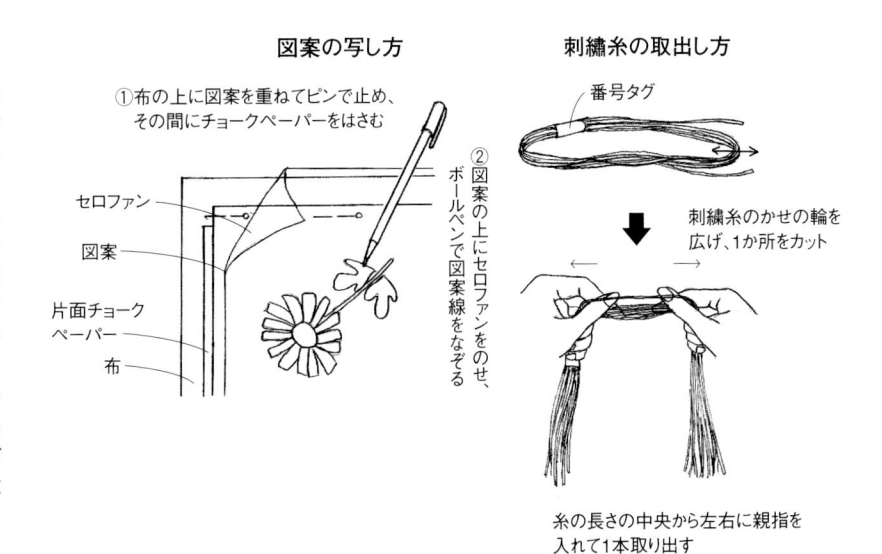

図案の写し方

①布の上に図案を重ねてピンで止め、その間にチョークペーパーをはさむ

②図案の上にセロファンをのせ、ボールペンで図案線をなぞる

セロファン
図案
片面チョークペーパー
布

刺繍糸の取出し方

番号タグ

刺繍糸のかせの輪を広げ、1か所をカット

糸の長さの中央から左右に親指を入れて1本取り出す

ステッチの刺し方

サテンステッチ

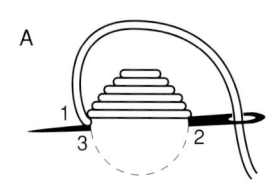

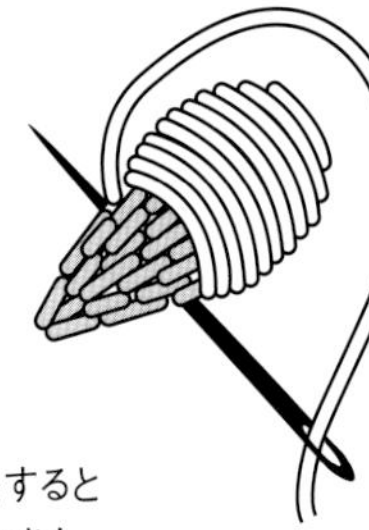

A　B

●1本どりで刺すときは、Bのように下刺しをするとふっくらしてきれいにできる。茎などを刺すときも、両端に直線の下刺し（ぐし縫い）をしておくと縁がきれいに刺せる。

ブリオンステッチ

① ② ③

チェーンステッチ

① ②

コーチングステッチ

バックステッチ

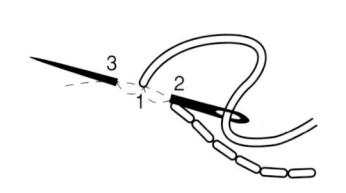

アウトラインステッチ

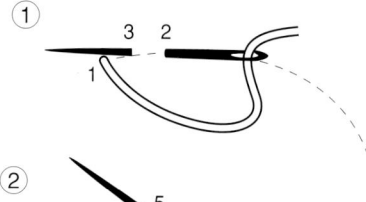

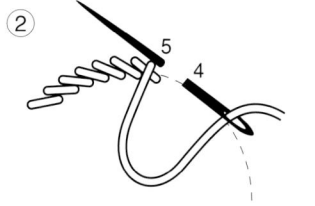

① ②

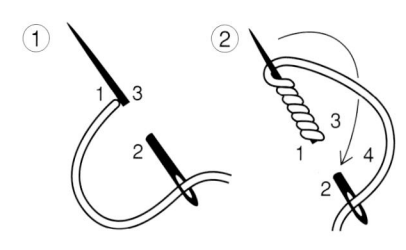

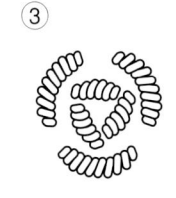

ロング＆ショートステッチ

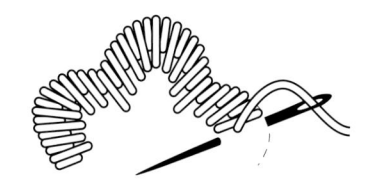

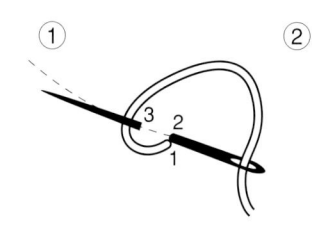

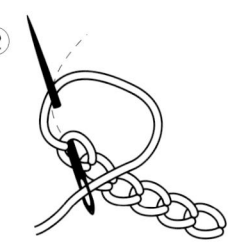

フレンチナッツステッチ

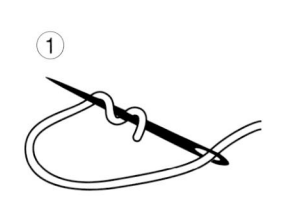

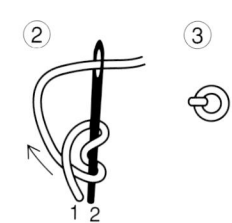

① ② ③

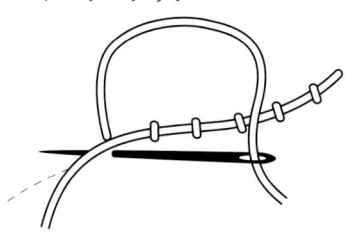

レゼーデージーステッチ

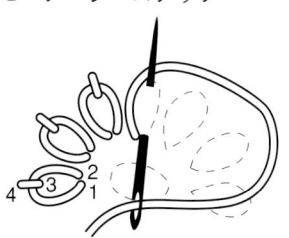

ブランケットステッチ

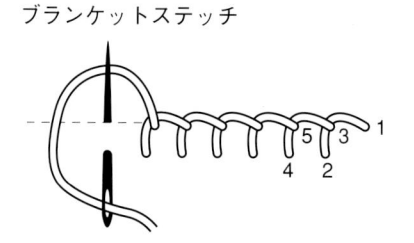

フェザーステッチ

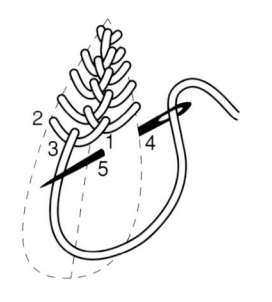

バッグの使用量

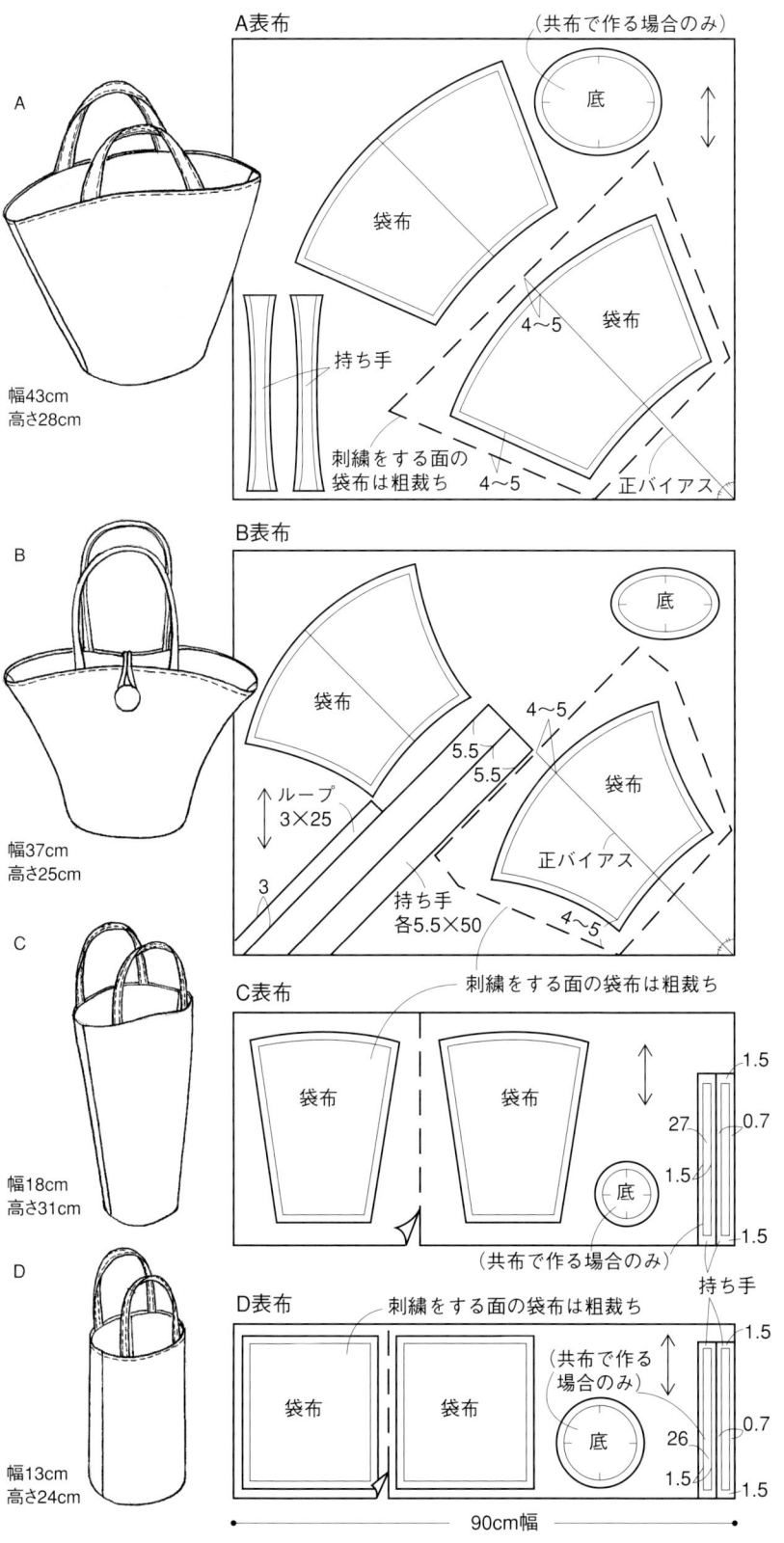

（各バッグのパターンはP.80、81）
- バッグの表布はバイアス、縦地どちらで裁ってもいい。表布をバイアスにしたときは接着芯は縦地、表布が縦地のときは接着芯はバイアス、のように使い分けると仕上りがきれいにできる。
- 持ち手と底は、この本では皮革を多く使っているが、共布でもいい。
- A、C、Dのバッグにはおおい布（縫い方P.47）を用意し、ボタンでとめる。

A
幅43cm 高さ28cm

表布（リネン）90×80cm
裏布（おおい布を含む）90×90cm
皮革（底用）25×20cm、（持ち手用）8×35cm
接着芯90×200cm、キルト芯90×55cm
セルロイド板（底板用）25×20cm
直径2.2cmのくるみボタンとクリスタルビーズ
両面接着テープ

B
幅37cm 高さ25cm

表布（リネン）90×80cm
裏布（おおい布なし）90×50cm
接着芯90×120cm、キルト芯90×50cm
セルロイド板（底板用）20×15cm
直径3.5cmのくるみボタン
ガラ芯（持ち手の芯）直径1.5cmを110cm
極太毛糸（止めループの芯）適宜
両面接着テープ

C
幅18cm 高さ31cm

表布（リネン）90×40cm
裏布（おおい布を含む）90×50cm
皮革（底用）12×12cm、（持ち手用）3×35cm
グログランリボン（持ち手裏）1.5×70cm
接着芯60×120cm、キルト芯90×40cm
セルロイド板（底板用）10×10cm
直径2.2cmのくるみボタンとクリスタルビーズ
両面接着テープ

D
幅13cm 高さ24cm

表布（リネン）90×35cm
裏布（おおい布を含む）90×50cm
皮革（底用）35×35cm、（持ち手用）3×35cm
接着芯60×125cm、キルト芯90×35cm
セルロイド板（底板用）30×30cm
直径2.2cmのくるみボタンとクリスタルビーズ
両面接着テープ

バッグAの作り方

- バッグB、C、Dは同じ要領で作る。
- 布は縫い代をつけて裁つ。皮革（リネンでもいい）を、底は縫い代をつけて裁ち、持ち手は裁切りにする。表布に刺繍をし、アイロンで整えてから接着芯を図のように3重にはる。袋口の縫い代を裏に折り、アイロンで押さえる。このときパターンに合わせてカットした厚紙を当てると、きれいにできる。表布2枚を中表にして縫い、底を縫い合わせる。かたいので厚地用の針（16番ミシン針）でゆっくりミシンをかける。
裏布に接着芯とキルト芯をはり、ポケットをつける。
袋に仕立てる。表袋に裏袋を入れ、袋口をまつって仕上げる。

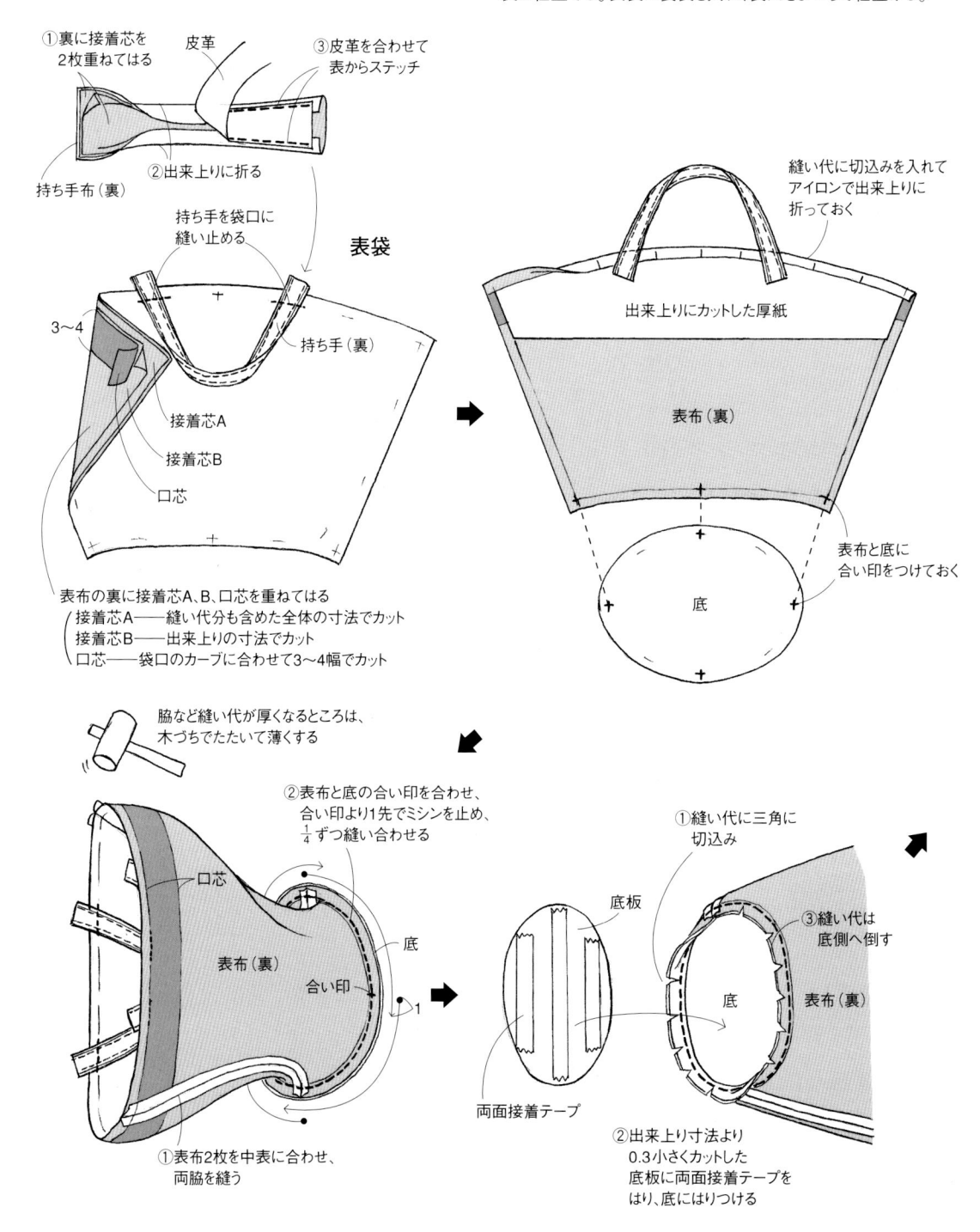

①裏に接着芯を2枚重ねてはる
皮革
③皮革を合わせて表からステッチ
持ち手布（裏）
②出来上りに折る

持ち手を袋口に縫い止める
表袋
3〜4
持ち手（裏）
接着芯A
接着芯B
口芯

表布の裏に接着芯A、B、口芯を重ねてはる
接着芯A——縫い代分も含めた全体の寸法でカット
接着芯B——出来上りの寸法でカット
口芯——袋口のカーブに合わせて3〜4幅でカット

縫い代に切込みを入れてアイロンで出来上りに折っておく
出来上りにカットした厚紙
表布（裏）
表布と底に合い印をつけておく
底

脇など縫い代が厚くなるところは、木づちでたたいて薄くする

②表布と底の合い印を合わせ、合い印より1先でミシンを止め、$\frac{1}{4}$ずつ縫い合わせる
口芯
表布（裏）
合い印
底
1
①表布2枚を中表に合わせ、両脇を縫う

①縫い代に三角に切込み
底板
③縫い代は底側へ倒す
底
表布（裏）
両面接着テープ
②出来上り寸法より0.3小さくカットした底板に両面接着テープをはり、底にはりつける

中袋

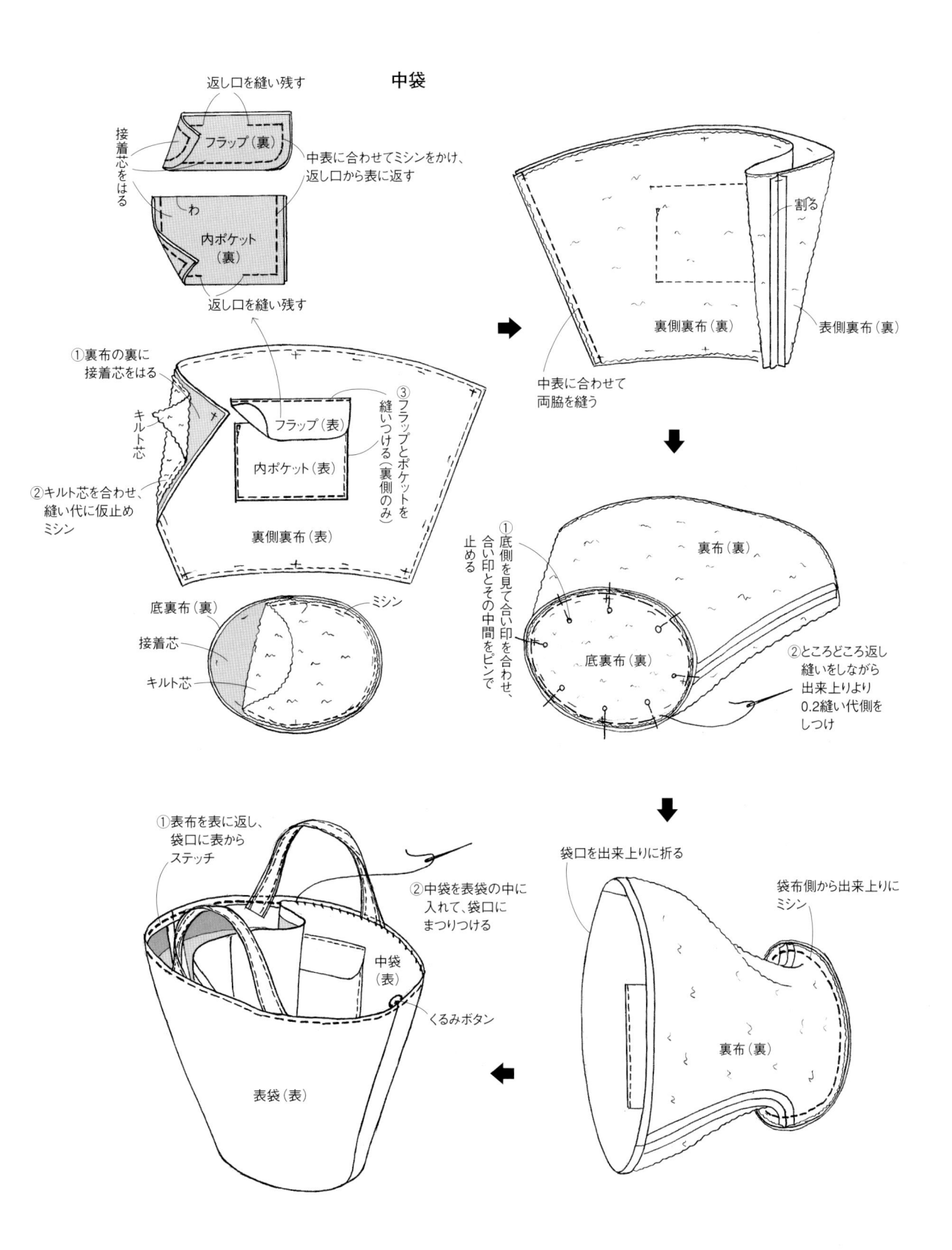

- 返し口を縫い残す
- フラップ（裏）
- 接着芯をはる
- 中表に合わせてミシンをかけ、返し口から表に返す
- わ
- 内ポケット（裏）
- 返し口を縫い残す

- ①裏布の裏に接着芯をはる
- キルト芯
- ②キルト芯を合わせ、縫い代に仮止めミシン
- フラップ（表）
- 内ポケット（表）
- ③フラップとポケットを縫いつける（裏側のみ）
- 裏側裏布（表）

- 底裏布（裏）
- ミシン
- 接着芯
- キルト芯

- 割る
- 裏側裏布（裏）
- 表側裏布（裏）
- 中表に合わせて両脇を縫う

- ①底側を見て合い印と合い印とその中間をピンで止める
- 裏布（裏）
- 底裏布（裏）
- ②ところどころ返し縫いをしながら出来上がりより0.2縫い代側をしつけ

- 袋口を出来上りに折る
- 袋布側から出来上りにミシン
- 裏布（裏）

- ①表布を表に返し、袋口に表からステッチ
- ②中袋を表袋の中に入れて、袋口にまつりつける
- 中袋（表）
- くるみボタン
- 表袋（表）

Making 79

Aバッグ

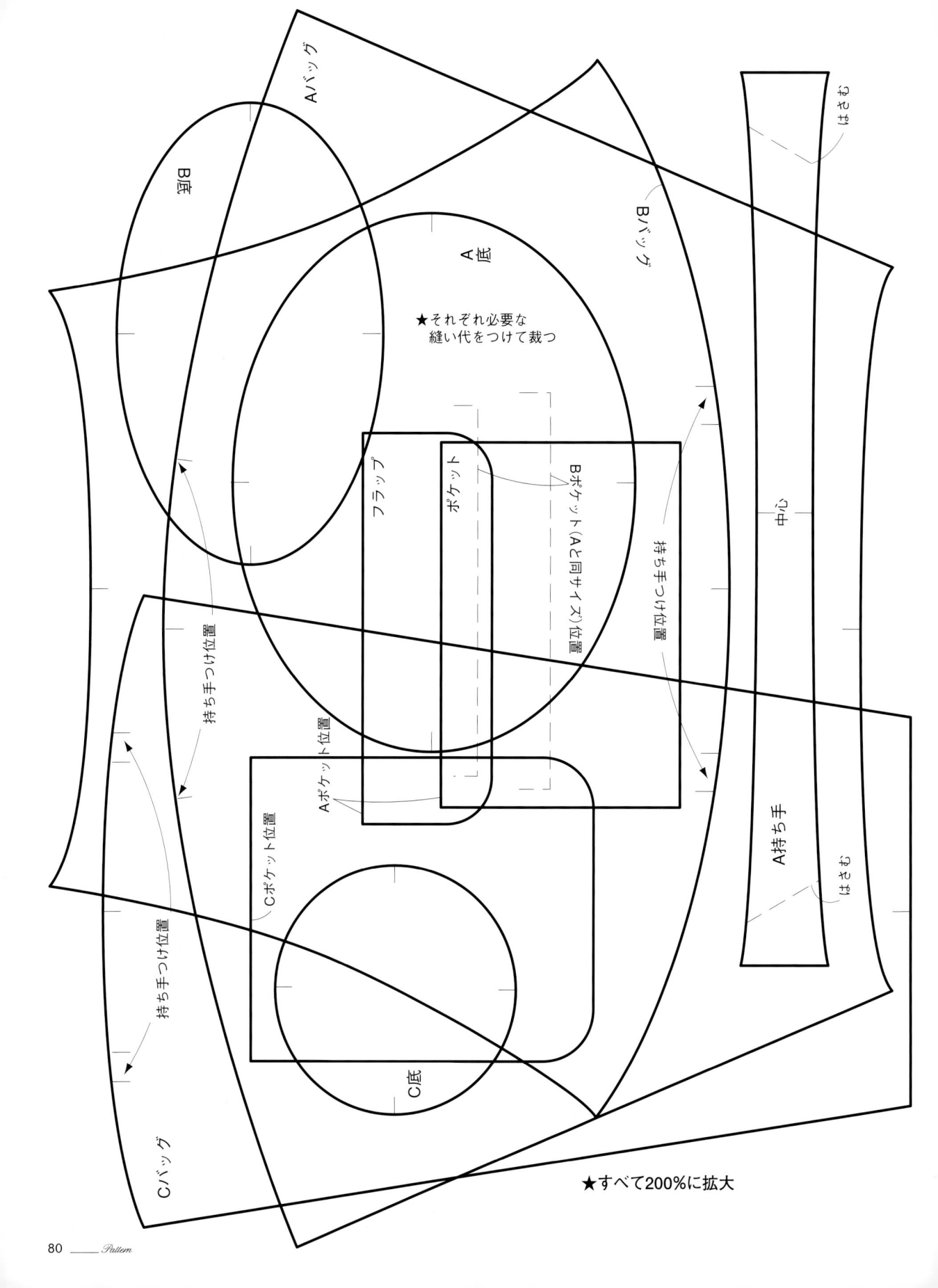

B底

Bバッグ

はさむ

A底

★それぞれ必要な縫い代をつけて裁つ

中心

フラップ

ポケット

Bポケット(Aと同サイズ)位置

持ち手つけ位置

持ち手つけ位置

Aポケット位置

Cポケット位置

A持ち手

はさむ

C底

持ち手つけ位置

Cバッグ

★すべて200%に拡大

★すべて実物大

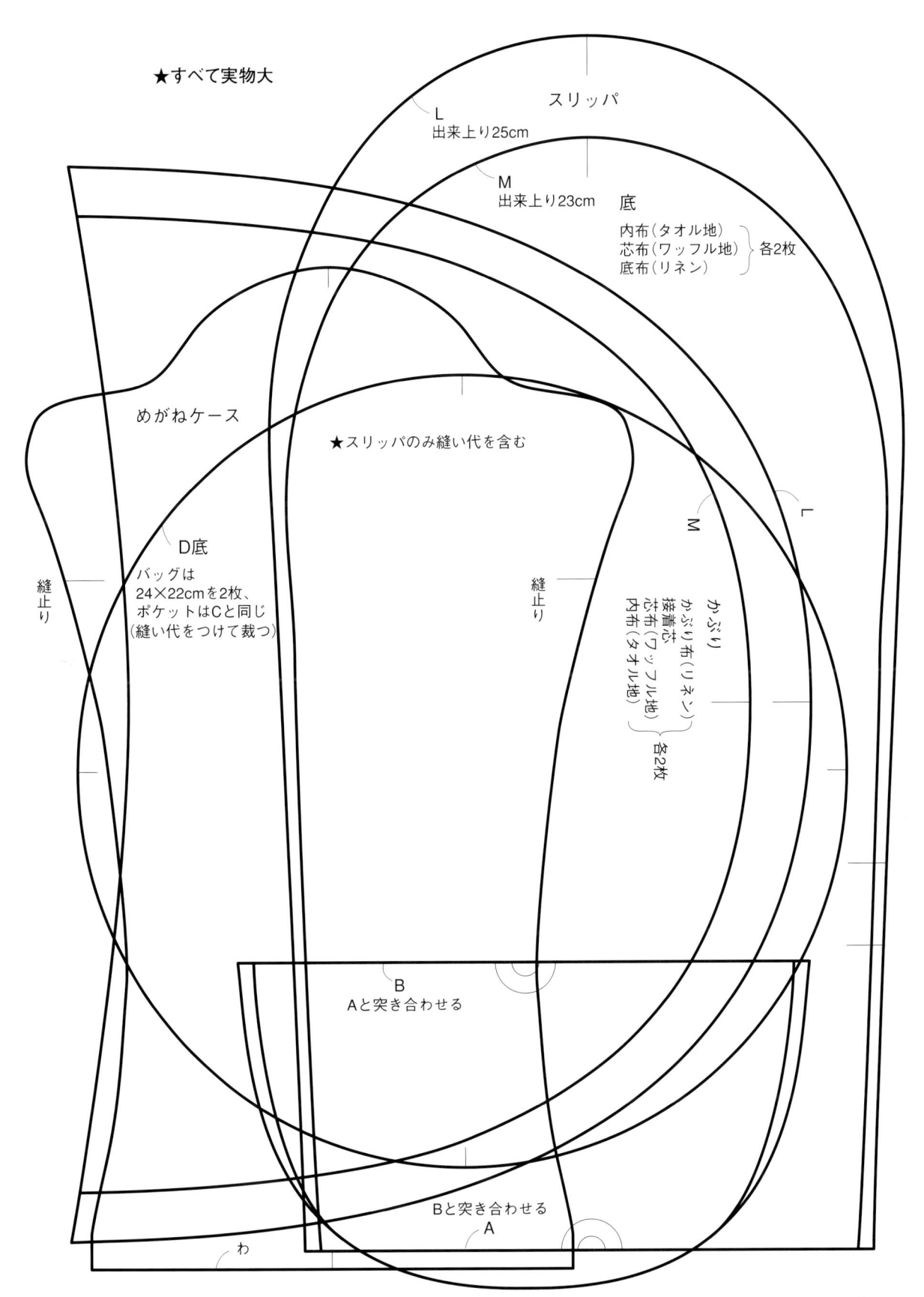

スリッパ
L 出来上り25cm
M 出来上り23cm

底
内布(タオル地)
芯布(ワッフル地) 各2枚
底布(リネン)

めがねケース

★スリッパのみ縫い代を含む

D底
バッグは
24×22cmを2枚、
ポケットはCと同じ
(縫い代をつけて裁つ)

縫止り

縫止り

かぶり布(リネン)
接着芯
芯布(ワッフル地) 各2枚
内布(タオル地)

M　L

B
Aと突き合わせる

Bと突き合わせる
A

わ

Pattern ____ 81

裁縫箱のふた

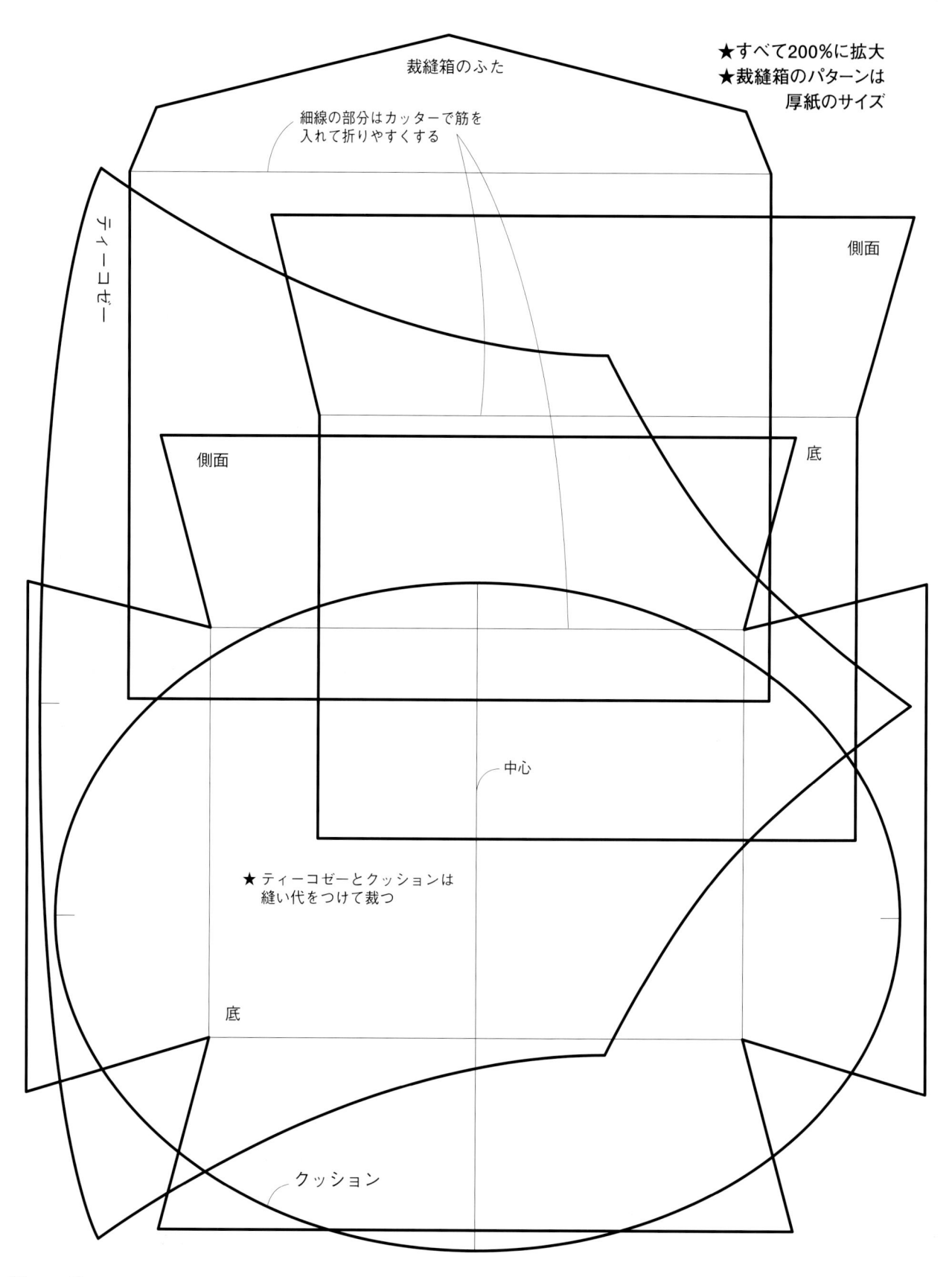

★すべて200%に拡大
★裁縫箱のパターンは
　厚紙のサイズ

細線の部分はカッターで筋を
入れて折りやすくする

ティーコゼー

側面

側面

底

中心

★ティーコゼーとクッションは
　縫い代をつけて裁つ

底

クッション

大　箱本体
中
小

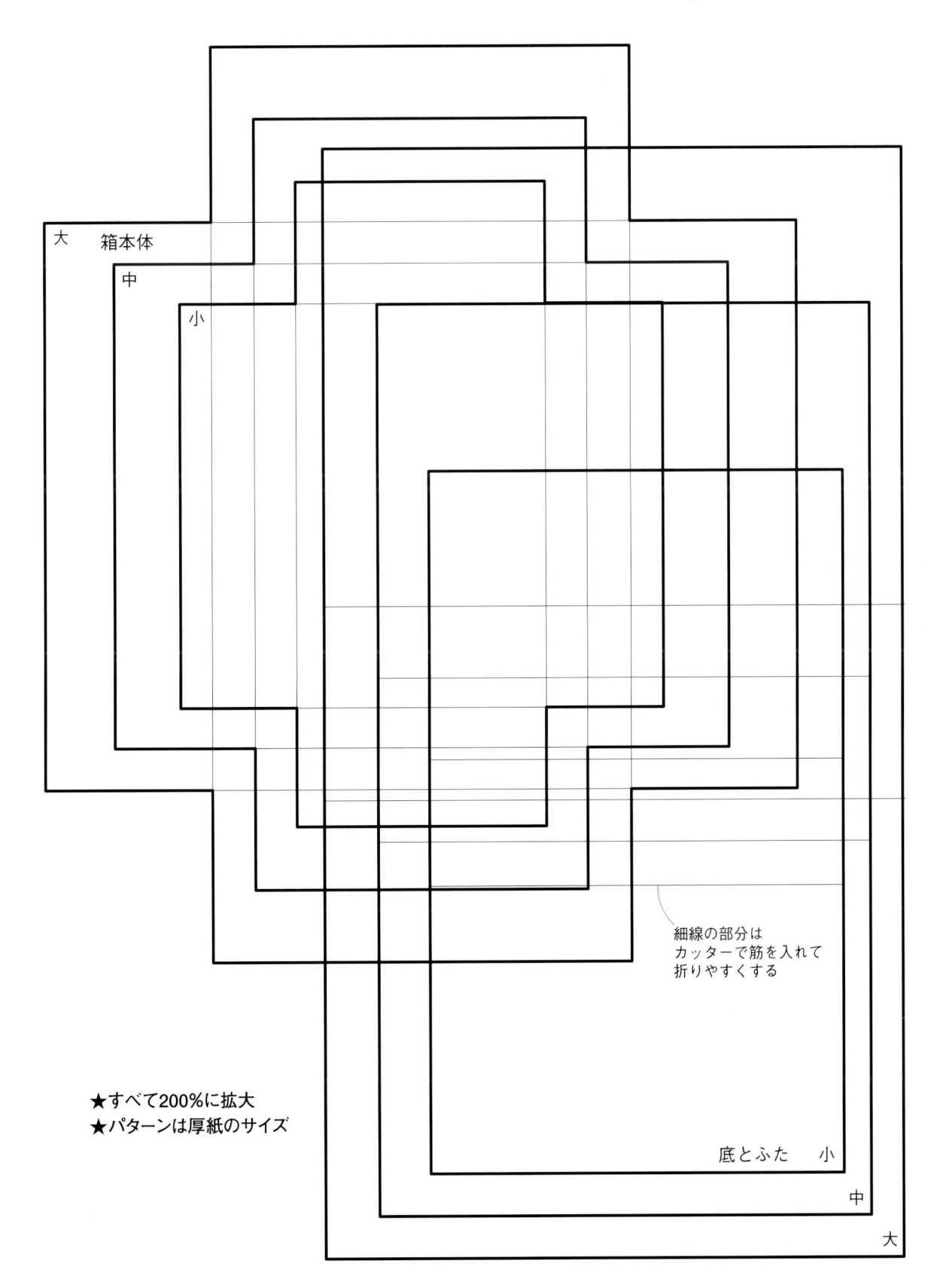

細線の部分は
カッターで筋を入れて
折りやすくする

★すべて200%に拡大
★パターンは厚紙のサイズ

底とふた　小
中
大

Pattern　83

森 れいこ　mori reiko
大阪出身。貿易業の家に育ち、幼いころから外国の布などの素材に触れる。洋裁好きの母のそばで手芸とファッションに熱中するジュニアだった。20代のころファッションと手芸の仕事を経験する。その後コンピュータの3D画像製作の仕事に携わるようになり、手芸から一時遠のくが、再び好きな手芸の道へ戻り、2000年を迎える少し前、思い立って手作りの店「ラブレター」をオープン。リネン地に繊細な刺繍の入ったバッグ、クッション、ボタン、ランプシェードなどが並ぶ。清潔な雰囲気に女らしさが隠し味のように効いている作風が人気を呼び、知る人ぞ知る存在となっている。
少人数制の手作りを教えるアトリエを主宰。

● リネンの問合せ先
ラブレター　〒156-0052　東京都世田谷区経堂4-1-1　TEL03-3439-5892

素材協力
ユキ・リミテッド（アンカー刺繍糸）〒662-0088　兵庫県西宮市苦楽園四番町10-10　TEL0798-72-1563

ホビーラホビーレ（リネン）〒140-0001　東京都品川区東大井5-23-37　TEL03-3472-1104

製作協力　立野啓子　森 順子　安間由江　安賀恵美

ブックデザイン　森 れいこ（Chewing gum Co.Ltd）
撮影　渡辺淑克
作図、図案トレース　しかのるーむ
作り方解説　山村範子
編集協力　関根恵子

Embroidery Book
リネンに刺繍

2004年6月13日　第1刷発行

著　者　森 れいこ
発行者　大沼 淳
発行所　文化出版局
　　　　〒151-8524 東京都渋谷区代々木3-22-7
　　　　TEL 03-3299-2485 ［編集］　03-3299-2540 ［営業］
印刷所　株式会社文化カラー印刷
製本所　株式会社明泉堂

© Reiko Mori 2004　Printed in Japan

Ⓡ本書の全部または一部を無断で複写（コピー）することは、著作権法上での例外を除き、禁じられています。本書からの複写を希望される場合は、日本複写権センター（電話03-3401-2382）にご連絡ください。

お近くに書店がない場合、読者専用注文センターへ☎0120-463-464
ホームページ　http://books.bunka.ac.jp/